Alles Gute zum
Umzug und viel
Spaß beim Kochen!
Martina Rening

Martina Lessing

FINGERFOOD & CO
Kleine Happen für Feste und Gäste

Mit Fotografien von Kurt-Michael Westermann
und einem Vorwort von Werner Matt

Bibliografische Information der Deutschen Nationalbibliothek
Die Deutsche Nationalbibliothek verzeichnet diese Publikation in der
Deutschen Nationalbibliografie; detaillierte bibliografische Daten
sind im Internet über http://dnb.d-nb.de abrufbar.

Printed in Austria

Alle Rechte, insbesondere das Recht der Vervielfältigung und Verbreitung sowie der Übersetzung, vorbehalten. Kein Teil des Werkes darf in irgendeiner Form (durch Fotokopie, Mikrofilm oder ein anderes Verfahren) ohne schriftliche Genehmigung des Verlages reproduziert oder unter Verwendung elektronischer Systeme gespeichert, verarbeitet, vervielfältigt oder verbreitet werden.

1. Auflage 2010
© 2010 by Lesethek Verlag
in der Braumüller GmbH, Servitengasse 5, A-1090 Wien

www.lesethek.at
www.braumueller.at

Fotos: Kurt-Michael Westermann
Foto Werner Matt: © Bernhard Bergmann
Cover, Satz und Layout: reiter ad work, A-8010 Graz
Druck: Ferdinand Berger & Söhne Gesellschaft m.b.H., A-3580 Horn
ISBN 978-3-99100-017-4

Für den Jakob

KULINARISCHE GEDANKEN
von Werner Matt

Während meines kulinarischen Wirkens in verschiedenen Ländern war es interessant, Entwicklungen in der Küche mitzuerleben und sich dabei auch ständig weiterzuentwickeln. Der Einfluss mediterraner und exotischer Kochrezepte und -praktiken, ergänzend zu unserer multikulturellen Küchenvielfalt der Monarchie, hat mir neue, spannende Perspektiven unserer Esskultur eröffnet. Diese neue Vielfalt sowie der Einfluss der Weltküchen haben durch Globalisierung Einzug in die klassische Gastronomie und immer mehr auch in den normalen Haushalt gefunden. Tradition, Herkunft, Authentizität und Regionalität beim Essen und Trinken spielen heutzutage eine wichtige Rolle.

Auch bei Partys, Empfängen und Feiern hat sich in den jüngsten Jahrzehnten ebenfalls viel getan. Die sprichwörtliche Schlacht am Buffet ist noch immer nicht ganz vom Tisch, nicht immer zur Freude der Gastgeber und jener Gäste, die sich nicht zu den Tabletts drängen mögen. Man isst bekanntlich auch mit den Augen, und da ist es nicht leicht, dem Ansturm der Gäste auf manierliche Art Paroli zu bieten.

Mit ein Grund, warum sich Martina Lessing mit ihrem ersten Buch dieses neuen, zukunftsorientierten Trends angenommen und spannende Rezepte, die auch für Hobbyköche nachvollziehbar sind, in ihrem ansprechenden Werk „Fingerfood & Co." zusammengefasst hat.

„Fingerfood" (kleine Häppchen, die man ohne Besteck essen kann) ist eine brauchbare Alternative und bei Festivitäten und Gästen zunehmend beliebt. Obwohl diese Art zu essen durchaus nichts wirklich Neues, sondern eher archaisch ist. Das „Haptische", die Lust am Schauen und Berühren, trägt zur Genusssteigerung bei.

Frische, appetitliche Gerichte, portioniert auf kleinen Tellern, in Schälchen oder Gläsern, sind noch viel praktischer und besonders gut geeignet, auch auf engstem Raum Gäste zu verwöhnen. Das beweist die Autorin in ihrem Werk auf eindrucksvollste Weise.

Die wichtigsten Grundvoraussetzungen für gute Küche sind vor allem Liebe, Lust und Leidenschaft. Kochen beginnt aber schon beim gezielten, qualitätsbewussten Einkauf, beim lustvollen Suchen nach besten Rohstoffen und Zutaten. Dazu gehört aber auch Achtung vor dem Produkt und die Konsequenz, es nur in der Saison zu verwenden, in der Frische, Reife und typischer Eigengeschmack überzeugen. Was die wirklich gute Küche aber ausmacht, ist Liebe zum Detail: raffinierte Zubereitung, kreative Ideen und stilvolle Art, anzurichten.

Inspiriert von dieser Liebe, können Gastgeber beim genussvollen Essen mit Bekannten und Freunden ihren Gästen schöne Stunden bereiten, die sie hoffentlich so schnell nicht vergessen werden.

Ich wünsche Martina Lessing viel Erfolg für ihr erstes Kochbuch sowie für die weitere Umsetzung ihrer kulinarischen Ideen und ihren Lesern viel Spaß beim Nachkochen.

Gutes Gelingen wünscht

Werner Matt, März 2010

Werner Matt, Doyen und Pionier der modernen österreichischen Küche und Ausbildner der Nation, Eröffnungschef im Wiener Hilton mit seinen 75 Köchen, wurde 1983 im bereits legendären Restaurant Prinz Eugen mit dem ersten Michelin Stern ausgezeichnet und 1985 von Gault & Millau zum Koch des Jahres gewählt. Neben diversen anderen Auszeichnungen erhielt Werner Matt das goldene Verdienstzeichen der Republik Österreich und bei der Frankfurter Buchmesse als Bestseller-Autor für sein erstes Kochbuch die Goldmedaille der gastronomischen Akademie Deutschlands. 2004 eröffnete Werner Matt mit dem Tiroler Hotelier des Jahres Karl J. Reiter Werner Matt's Kochakademie für Hobbyköchinnen und -köche in seiner Wahlheimat Bad Tatzmannsdorf. Denn:

Nous ne vivons pas pour manger,
mais pour bien manger!

INHALT

NUR KEIN STRESS!	8
GUTES ESSEN MUSS NICHT KOMPLIZIERT SEIN	10
STRESSLOSES ESSEN – PLANEN UND VORBEREITEN	12
FINGERFOOD & CO. – EIN FAVORIT FÜR GÄSTE	14
GEBRAUCHSANWEISUNG	16

ÖSTERREICHISCH

FINGERFOOD

FRITTATENSUPPE IN DER SUPPENSCHÜSSEL	20
GURKENSCHÜSSELCHEN MIT FORELLENMOUSSE UND DILL	22
KNUSPRIGE TEIGSCHÜSSELCHEN MIT WACHTELEI UND SARDELLENBUTTER	24
KÜRBISSUPPE MIT KERNÖL IN DER ESPRESSOTASSE	26
MINI-KÜRBISQUICHE MIT SALBEI	28
MINI-WIENERSCHNITZEL MIT SAUCE TARTARE	30
TÜTCHEN MIT HÜHNERLEBERMOUSSE UND PREISELBEERKOMPOTT	32

SCHÜSSELCHEN

EIERSCHWAMMERLSAUCE MIT SEMMELKNÖDEL (BROTKLÖSSEN)	34
KÄSESPINATKNÖDEL MIT TOMATENSAUCE	36
KARTOFFELGULASCH	38

PANIERTE HÜHNERBRUST MIT KARTOFFELSALAT	40
PAPRIKAHUHN	42
SCHINKENFLECKERL	44
SCHWAMMERLSTRUDEL MIT SCHNITTLAUCHSAUCE	46
SCHWEINEFILET MIT ZIMTSAUCE UND VANILLEREIS	48
SCHWEINSBRATEN MIT SAUERKRAUT	50
SZEGEDINER GULASCH	52

GLÄSER

BRATAPFELMOUSSE	54
KAISERSCHMARREN	56
KÜRBISMOUSSE	58
LEBKUCHENMOUSSE MIT ZIMT	60
SACHERMOUSSE MIT MARILLENSAUCE	62
TOPFENCRÈME MIT HIMBEEREN	64
TOPFENKNÖDEL MIT ERDBEEREN	66

ITALIENISCH

FINGERFOOD

GEBRATENES RINDERFILET MIT SALSA VERDE AUF TOAST	70
GERÖSTETE PAPRIKASUPPE AUF BASILIKUMÖL	72
HÜHNERSPIESSE MIT PARMASCHINKEN, SALBEI UND PAPRIKADIP	74

KIRSCHTOMATEN GEFÜLLT MIT MOZZARELLA UND PESTO	76
MARINIERTE TORTELLINISPIESSE MIT SONNENGETROCKNETEN TOMATEN	78
MARONISUPPE MIT FENCHEL	80
PARMESANKEKSE MIT PESTO UND TOMATEN	82
RUCOLASUPPE	84
TRUTHAHN TONNATO	86

SCHÜSSELCHEN

PENNE MIT PESTO, PINIENKERNEN UND BROKKOLI	88
GEBACKENER RICOTTA MIT BROKKOLI UND GERÖSTETEN KIRSCHTOMATEN	90
NOCKERL (GNOCCHI) MIT GORGONZOLASAUCE UND KNUSPRIGEM SPECK	92
GNOCCHI MIT TOMATEN, SPECK UND ROTWEIN	94
HUHN „CACCIATORE" MIT TOMATEN UND OLIVEN	96
HUHN IN CREMIGER THYMIAN-WERMUT-SAUCE	98
HUHN MIT BOHNEN, SPECK UND WEISSWEIN	100
ORECCHIETTE MIT PANCETTA, MINZE UND BABYERBSEN	102
OSSO BUCCO	104
PARMESANDUNSTKOCH MIT TOMATENSAUCE	106
PENNE MIT GERÖSTETER TOMATEN-PAPRIKASAUCE	108
„RISOTTO" MIT GERÖSTETEN PAPRIKA UND GARNELEN	110

GLÄSER

AMARETTOMOUSSE	112
CAPPUCCINOCRÈME	114
FRISCHER FRUCHTSALAT MIT MINZE	116
HIMBEERMOUSSE	118
KARAMELLMOUSSE	120

MEDITERRAN

FINGERFOOD

FRANZÖSISCHE GARNELENSUPPE	124
GAZPACHO IM SHERRYGLAS	126
JAKOBSMUSCHELN IM SPECKMANTEL MIT ZITRONENDIP	128
KALTE GURKENSUPPE MIT DILL UND BUTTERMILCH	130
KNUSPRIGE TÜTCHEN MIT CHORIZO, KALMAR UND AIOLI	132
MINI-QUICHE LORRAINE	134
STRUDELTEIGPÄCKCHEN MIT KARTOFFEL-MINZE-FÜLLUNG	136
TOMATEN-MASCARPONE-TÖRTCHEN	138
ÜBERBACKENE ZUCCHINISCHEIBEN MIT FETA	140

SCHÜSSELCHEN

GARNELENRAGOUT MIT SAFRAN UND KARTOFFELN	142
HUHN IN CREMIGER SAUCE MIT ESSIG UND GEMÜSE	144
HUHN MIT CHORIZO UND BRANDY	146
HUHN MIT CHAMPIGNONS IN CREMIGER MUSKATWEINSAUCE	148
LAMMSCHULTER MIT PAPRIKA UND OLIVEN	150
LAMMTAJINE MIT APRIKOSEN UND PINIENKERNEN	152
PERSISCHER REIS	154
RINDFLEISCHTAJINE MIT PFLAUMEN UND MANDELN	156
SCHWEINEFILET MIT PFLAUMEN	158

SCHWEINEFILET MIT ROSMARIN UND KARAMELLISIERTEN ÄPFELN	160
SEAFOOD STEW	162
SPINATSTRUDEL MIT FETA UND TOMATENSAUCE	164

GLÄSER

CRÈME CARAMEL	166
KARAMELLISIERTER ORANGENSALAT	168
LEMON CURD-MOUSSE MIT JOGHURT	170
MAROKKANISCHER MILCHREIS MIT ROSENWASSER UND PISTAZIEN	172
MOJITO CRÈME MIT KNUSPRIGEM KEKSBODEN	174
ORANGENCRÈME MIT COINTREAU	176
SÜSSES SAFRANJOGHURT MIT PISTAZIEN	178
WEISSE SCHOKOLADENMOUSSE MIT HIMBEEREN	180

ASIATISCH

FINGERFOOD

TEIGSCHÜSSELCHEN MIT PEKINGENTE UND HOISIN-SAUCE	184
MARINIERTE HÜHNERSPIESSE MIT ERDNUSSDIP	186
HÜHNERSUPPE MIT ZITRONENGRAS	188
KNUSPRIGE TÜTCHEN MIT THUNFISCHTARTAR UND SESAMÖL	190
LACHSTARTAR ASIATISCH	192
LACHSWÜRFEL MIT SHIITAKE-BUTTER	194

SÜSSSAURES KRABBENFLEISCH AUF GURKENSCHEIBEN	196
THUNFISCHWÜRFEL MIT SESAMKRUSTE UND GURKE	198
WÜRZIGE HÜHNERLAIBCHEN MIT INGWER	200

SCHÜSSELCHEN

AUBERGINENCURRY MIT KIRSCHTOMATEN	202
GEBRATENE ENTENBRUST MIT KOHL UND SESAMDRESSING	204
FISCHCURRY MIT KÜRBIS UND PAK CHOI	206
CURRY MIT GEMÜSE UND KOKOSMILCH	208
HÜHNERCURRY MIT KOKOSMILCH	210
KARAMELLISIERTES INGWERHUHN MIT GEBRATENEN SESAMNUDELN	212
MARINIERTER LACHS MIT INGWER UND FRÜHLINGSZWIEBELN	214
RAMEN MIT SCHWEINEFLEISCH UND HONIG	216
RINDERCURRY MIT PAPRIKA UND KOKOSMILCH	218
SCHWEINEFILET MIT CHINESISCHER GEWÜRZMISCHUNG UND GEBRATENEM REIS	220
WÜRZIGE KOKOSSUPPE MIT GARNELEN	222

GLÄSER

EXOTISCHER FRUCHTSALAT MIT ZITRONENGRASSIRUP	224
KOKOSMOUSSE MIT MANGOPÜREE	226
MANGO FOOL	228
POCHIERTE BIRNE MIT ZITRONENGRAS	230
DANKE	232
REGISTER	234

Nur kein Stress!

Ich erinnere mich noch sehr gut daran, wie meiner Freundin die Fassungslosigkeit durchs Telefon anzuhören war: „Es ist 4 Uhr nachmittags, du hast heute Abend 60 Gäste eingeladen und liegst noch immer im Garten und liest? Wie machst du das? Wieso läufst du nicht völlig gestresst und schweißgebadet durch die Gegend, weißt nicht, wo dir der Kopf steht und wünschst dir – wie wir alle, wenn wir Gäste haben – du hättest doch nie jemanden zum Essen eingeladen?"

Die Antwort ist ganz einfach und sie ist in diesem Buch enthalten: knackig frische Zutaten und Gerichte, die vor Geschmack bersten, aber trotzdem einfach zu kochen und gut vorzubereiten sind. Kochen für Gäste und Freunde soll ein Vergnügen sein, das man sich nicht durch Stress verderben lassen darf. So habe ich es immer gehalten und dafür soll dieses Buch ein Leitfaden sein.

Gutes Essen muss nicht kompliziert sein

Ich werde oft gefragt, was das beste Essen war, das ich je zu mir genommen habe. Und natürlich denke ich da zuallererst an das Restaurant *The Fat Duck* in Bray, wo Heston Blumenthal bei einem vierstündigen Mittagessen meinem Mann und mir eines seiner legendären 17-Gänge-Menüs aufgetischt hat: von Snail Porridge bis zu Egg & Bacon Ice Cream war jeder Gang aufregender als der vorhergehende. Aber genauso und vielleicht noch lieber denke ich an die in Olivenöl gebratenen Mini-Kartoffeln, die Beth Elon uns in ihrer Villa auf einem Hügel in der Toskana am Ende eines langen Sommertages serviert hat: erdfrische Kartoffeln[1] mit noch sonnenwarmen Tomaten, frischem Olivenöl und gebratenen Zucchiniblüten. Es kann kaum einfacheres Essen geben und doch bleibt es für mich unvergessen, weil es frisch, natürlich und unvergleichlich voll im Geschmack war.

Hervorragendes Essen muss nicht kompliziert sein. Keines der Rezepte in diesem Buch verlangt von Ihnen, hauchdünne Karamellspiralen um ein Wetzeisen zu drehen oder Wachteln im Ganzen zu entbeinen. Und trotzdem werden die Rezepte, die ich Ihnen auf den nächsten Seiten vorstelle, immer wieder von meinen Kunden verlangt: Ich erinnere mich noch immer mit Vergnügen an das von mir vorbereitete Abendessen für einen City Banker, der seinen russischen Oligarchen-Kunden Schweinsbraten[2] servieren ließ und mir die begeisterten Dankes-E-Mails weitersandte.

[1] Die kleinen Kartoffeln waschen, mit der Haut nebeneinander in eine Pfanne legen und mit so viel kaltem Wasser auffüllen, dass die Kartoffeln gerade bedeckt sind. Mit genügend Olivenöl beträufeln, salzen, pfeffern und einen Rosmarinzweig oder ein Salbeiblatt dazugeben. Bei großer Hitze so lange kochen, bis das Wasser verkocht ist. Anschließend die Kartoffeln im Olivenöl so lange anbraten lassen, bis sie knusprig sind.

[2] Das Rezept dazu finden Sie auf S. 50.

STRESSLOSES ESSEN – PLANEN UND VORBEREITEN

Für Gäste gutes Essen ohne Stress zu kochen ist der größte Wunsch der meisten meiner Kunden. Jeder hat gerne Gäste, aber so viele fürchten sich vor den letzten Stunden, bevor die Gäste kommen, und brechen schon beim Gedanken daran in Panik aus. Mit diesem Wunsch nach stressfreien Abendessen hat auch meine berufliche Kochkarriere begonnen:

Es war vor mehr als 15 Jahren in einem verregneten Sommer am Grundlsee im wunderbaren Ausseerland[3], wo meine Freundinnen und ich mit unseren vielen Kleinkindern nicht mehr wussten, wie wir uns und die Kinder beschäftigen könnten. Da ich immer so wunderbare Abendessen zubereite, kam eine meiner Freundinnen auf die Idee, ich sollte ihnen doch zeigen, wie man, selbst mit kleinen Kindern, stressfrei ein Abendessen für Freunde planen und kochen kann.

Daraus entstanden die inzwischen legendären Donnerstags-Kochkurse im Ausseerland, wo wir uns alle in der Küche meines Hauses in Grundlsee zusammensetzten, gemeinsam schnippelten, kochten und manchmal sogar unseren Männern erlaubten, anschließend mitzuessen. Die Rezepte waren so gewählt, dass man alles am Vormittag vorbereiten konnte und erst kurz vor dem Essen die letzten Handgriffe für ein perfektes Abendessen machen musste. Aus diesen Kochkursen entstanden in England die „À Table!"-Kochkurse, das Catering und jetzt das Secret Restaurant. Die Grundlage blieb jedoch immer die gleiche: einfach, frisch und gut vorzubereiten! Und diesem Gedanken bleibt auch dieses Buch treu.

[3] Und das sieht man nirgends so gut wie im wunderbaren Buch von Yvonne Oswald, Salzkammergut, das 2009 auch bei Lesethek erschienen ist.

FINGERFOOD & CO. – EIN FAVORIT FÜR GÄSTE

Es gibt kaum Speisen, die dem Koch so viel unmittelbares Miterleben erlauben wie Fingerfood: die fröhlichen Mienen der Gäste beim Anblick der kleinen, schön angerichteten Köstlichkeiten und die alles aussagenden Gesichtsausdrücke während des Probierens, an denen der Koch sofort erkennen kann, ob den Gästen seine Häppchen schmecken oder nicht. Aus diesem Grund ist Fingerfood zweifellos mein absolutes Lieblingsessen.

Fingerfood, Bowl Food (kleine Leckerbissen in Schüsselchen) und Verrines (Nachspeisen im Glas) sind allerdings nicht nur für den kochenden Gastgeber ein Vergnügen: Bei Empfängen, Partys und großen Abendessen haben sie sich im kosmopolitischen London als die moderne Art der Gastfreundschaft durchgesetzt. Keine halb abgegessenen Buffets mehr, kein verzweifeltes Jonglieren mit Gabel und Messer im Stehen, keine Riesenportionen, die die anwesenden Damen in die Verzweiflung treiben. Wer will, kann sich einen Abend lang an immer wechselnden kleinen Portionen satt essen und wird eine unerwartete Fülle von Gerichten vorfinden; wer will kann an je einer Speise nippen und wird nicht auffallen. Die Gerichte, die in den Schüsseln serviert werden, können mit nur einer Gabel gegessen werden und sind so klein, dass man mehrere davon essen kann.

Selbstverständlich habe ich die Rezepte, die ich hier vorstelle, auch für gesetzte Abendessen gekocht: elegant auf Tellern angerichtet oder im Topf für Freunde serviert. Gutes, geschmackvolles und frisches Essen ist immer gefragt.

Ich wünsche viel Spaß beim Vorbereiten, Kochen und beim stressfreien Ausrichten von vielen Partys, Empfängen und Abendessen mit Fingerfood & Co.

Ihre Martina Lessing

Gebrauchsanweisung

Was müssen Sie beachten, wenn Sie ein Fest planen, Gäste einladen oder einfach für Freunde kochen wollen?

Checkliste — Bei der Planung hilft es zuallererst, eine Checkliste anzufertigen: Stellen Sie Ihr Menü zusammen, notieren Sie sich die verschiedenen Arbeitsgänge und wann Sie diese ausführen wollen. Bei der Erstellung der Checkliste ist es am einfachsten, Sie beginnen bei jenen Tätigkeiten, die kurz vor dem Eintreffen Ihrer Gäste zu erledigen sind. Daran anschließend folgen die Zubereitungen jener Speisen, die Sie bereits einige Stunden oder Tage zuvor vorbereiten oder einfrieren können.

Rezepte — Zur besseren Übersicht und als Erleichterung für Ihre Planung sind die Rezepte dreigeteilt: „Zutaten" (für die Einkaufsliste), „Zubereitung" und „Zu guter Letzt". Den letzten Schritt können und müssen Sie sogar erst kurz vor dem Servieren ausführen, da dies bei vielen Fingerfood-Rezepten sonst fatale Folgen haben kann. Denken Sie nur an weich gewordene Teigschüsselchen oder welke statt appetitlich frische Kräutergarnierungen.

Menge — Wenn Sie viele Gäste einladen wollen, kommt es vor allem auf die richtige Menge an: Soll nur Fingerfood serviert werden, so rechnen Sie mit 15 Stück pro Person. Um das Essen abzurunden, sollten 2–3 süße Häppchen dabei sein. Bieten Sie auch verschiedene Schüsselvariationen an, reduziert sich die Anzahl der Kanapees auf 4–5 pro Person. Als Richtwert für die optimale Fleischmenge können Sie bei 3 Schüsselgerichten von 225 g Fleisch pro Person ausgehen: Bei 40 Gästen sind das 9 kg.

Tipps

Achten Sie bei Ihrer Speisenauswahl unbedingt darauf, keine allzu ähnlichen Hauptgerichte zu servieren.

Alle Rezepte eignen sich natürlich auch für gemütliche Zusammenkünfte mit einigen wenigen Freunden: Servieren Sie die Hauptspeisen einfach als solche, ohne sie in kleine Schüsselchen oder Gläser zu füllen und ohne das Fleisch klein zu schneiden – lassen Sie Ihre Gäste ruhig selbst zum Messer greifen!

Helferlein

Bei größeren Partys sollten Sie sich auf alle Fälle Unterstützung holen: Engagieren Sie für je 10 Gäste einen Helfer, sei es ein Familienmitglied, das aushilft, oder professionelles Servierpersonal. Äußerst hilfreich ist es, auch einen Verantwortlichen in der Küche zu haben und eine Bar samt dazugehörigem Barkeeper aufzubauen. Dadurch wird erstens das Chaos nach dem Fest nicht zu groß und zweitens können Sie die Party stressfrei genießen, da sich Ihre Helfer um alles Organisatorische kümmern, z. B. darum, dass immer ausreichend Gläser vorhanden sind.

Mein tipp

Der wichtigste Ratschlag ist jedoch ganz einfach: Haben Sie Spaß an der Planung Ihrer Partys und vor allem am Ausprobieren der Rezepte.

ÖSTERREICHISCH

■ Österreichisch / Fingerfood

Frittatensuppe in der Suppenschüssel

Ergibt 20 Schüsseln

Rindsuppe

Zutaten
1 kg Rinderhackfleisch
2 Karotten
1 Zwiebel
2 Petersilienwurzeln
1 Stange Lauch
½ kleine Sellerieknolle
ein paar getrocknete Steinpilze
2 Lorbeerblätter
10 Wacholderbeeren
1 EL Pfefferkörner
1 TL getrockneter Liebstöckel
Öl
Salz und Pfeffer

Zubereitung
Das Gemüse grob schneiden und in ein wenig Öl anbraten. Mit 3 Liter Wasser aufgießen und aufkochen. Das Rinderhackfleisch und die Gewürze dazugeben und erneut aufkochen lassen. Den Schaum abschöpfen und circa 2 Stunden leicht köcheln lassen. Danach die Suppe durch ein ganz feines Sieb gießen und über Nacht kalt stellen.

Zu guter Letzt
Am nächsten Tag zunächst das Fett entfernen, dann die Suppe am Herd erwärmen und mit Salz und Pfeffer abschmecken.

Frittaten
(geschnittene Pfannkuchen)

Zutaten
2 Eier
60 g Mehl
100 ml Milch
1 Prise Salz
Öl

Zubereitung
Die Milch mit den Eiern, dem Mehl und dem Salz zu einem glatten Teig verrühren. Etwas Öl in einer Pfanne erhitzen und dann gerade so viel von dem Teig hineingeben, bis der Boden der Pfanne dünn bedeckt ist. Danach beide Seiten hellbraun backen. Mit dem Rest des Teiges ebenso verfahren. Auskühlen lassen.

Zu guter Letzt
Die einzelnen Pfannkuchen zusammenrollen und in dünne Streifen schneiden. Diese Frittaten in die Suppenschüsseln geben und mit der heißen Suppe übergießen.

Tipp

Die Frittaten erst kurz vor dem Servieren in die Suppe geben, da sie sich sonst aufweichen. Schmeckt am besten mit klein geschnittenem Schnittlauch bestreut.
Die Frittaten lassen sich auch wunderbar einfrieren.

■ Österreichisch / Fingerfood

Gurkenschüsselchen mit Forellenmousse und Dill

Ergibt 20 Stück

Zutaten
1 Salatgurke
100 g geräuchertes Forellenfilet
200 ml Sahne
1 TL geriebener Kren (Meerrettich)
Saft von 1 Zitrone
Salz
weißer Pfeffer
frischer Dill

Zubereitung
Zuerst die Gurkenschüsselchen herstellen. Dafür die Salatgurke in 1 cm dicke Scheiben schneiden. Mit einem runden Keksausstecher (Durchmesser: 4 cm) aus jeder Scheibe einen Kreis ausstechen und mit einem Melonenlöffel einen Teil der Kerne herausheben.
Das Forellenfilet mit 1 EL Sahne, dem Zitronensaft und dem Kren pürieren. Die restliche Sahne steif schlagen und mit der Forelle vermischen. Mit Salz und Pfeffer abschmecken.

Zu guter Letzt
Kurz vor dem Servieren die Mousse in einen Spritzbeutel füllen und in die Gurkenschüsselchen spritzen. Mit frischem Dill dekorieren.

Tipp
Die Gurkenschüsselchen können bereits am Vortag vorbereitet und in einer luftdichten Plastikdose aufbewahrt werden.
Als Dekoration eignen sich hervorragend auch ein kleines Stück Forelle oder etwas Lachskaviar.

■ Österreichisch / Fingerfood

Knusprige Teigschüsselchen mit Wachtelei und Sardellenbutter

Ergibt 20 Stück

Zutaten
20 knusprige Teigschüsselchen
10 Wachteleier
125 g weiche Butter
6 Sardellenfilets
Kresse
Paprikapulver

Zubereitung
Die Wachteleier 2 Minuten kochen, abschrecken und dann vorsichtig schälen. Die Butter mit den Sardellenfilets mit einem Stabmixer pürieren und in einen Spritzbeutel füllen.

Zu guter Letzt
Die Sardellenbutter in die Teigschüsselchen spritzen, je ein halbes Wachtelei darauf setzen. Mit Kresse und Paprikapulver dekorieren.

Tipp
Die Butter maximal 30 Minuten vor dem Servieren in die Schüsselchen füllen, da der Teig sonst zu weich wird.
Da sich die Wachteleier relativ schwer schälen lassen, vorher unbedingt abschrecken! Wenn man keine Wachteleier zur Hand hat, kann man auch ohne Weiteres hart gekochte Hühnereier verwenden. Diese sollten allerdings klein geschnitten und mit der Sardellenbutter vermischt werden.

Grundrezept für knusprige Teigschüsselchen
Zunächst 5 Toastbrotscheiben mit dem Nudelholz ganz dünn ausrollen. Mit einem runden Keksausstecher (Durchmesser: 4 cm) 4-5 Kreise aus jeder Toastbrotscheibe ausstechen und diese vorsichtig in eine Minimuffinform drücken. Im vorgeheizten Backofen bei 180°C für circa 10 Minuten goldgelb backen.

Tipp
Diese Teigschüsselchen können bis zu einer Woche im Voraus gemacht werden, müssen dann allerdings in einer Blechdose gelagert werden. Und wenn es einmal richtig schnell gehen muss, kann man die knusprigen Teigschüsselchen auch fertig bestellen bei HACK Gastro-Service oHG, Am Gierenberg 5, D-56581 Kurtscheid, schmidt.andrea@hack.ag.

■ ÖSTERREICHISCH / FINGERFOOD

KÜRBISSUPPE MIT KERNÖL IN DER ESPRESSOTASSE

Ergibt 20 Espressotassen

ZUTATEN
1 kg Butternusskürbis
1 Zwiebel
2 Knoblauchzehen
500 ml Suppe (Gemüse- oder Hühnersuppe)
2 EL Öl
Salz und Pfeffer
Kürbiskernöl

ZUBEREITUNG
Den Backofen auf 180°C vorheizen.
Den Kürbis halbieren, die Kerne entfernen und die beiden Kürbishälften auf ein Backblech legen. Die Zwiebel schälen, vierteln und mit den geschälten Knoblauchzehen dazulegen. Alle Zutaten salzen, mit Öl bepinseln und im Backofen 1 Stunde weich rösten. Auskühlen lassen. Dann das Fleisch vom Kürbis herauskratzen und in einen Topf geben. Die gebratene Zwiebel und den Knoblauch dazugeben. Mit der Suppe aufgießen und leicht kochen. Mit einem Pürierstab pürieren, eventuell durch ein Sieb gießen und dann abschmecken.

ZU GUTER LETZT
Die Suppe in die Espressotassen füllen und mit ein paar Tropfen Kürbiskernöl garnieren.

TIPP
Lässt sich gut am Vortag zubereiten bzw. einfrieren.

Österreichisch / Fingerfood

Mini-Kürbisquiche mit Salbei

Ergibt 20 Stück

Zutaten
20 Mürbteigschüsselchen
1 Butternusskürbis
1 EL Olivenöl
100 g Schafskäse
1 EL gehackter Salbei
1 Ei
geriebener Käse
Salz und Pfeffer

Zubereitung
Den Backofen auf 180°C vorheizen. Den Kürbis halbieren und die Kerne entfernen. Die beiden Kürbishälften auf ein Backblech legen, mit Öl bepinseln, salzen und im Backofen 1 Stunde weich rösten. Abkühlen lassen und dann mit einem Löffel ausschaben. Das Kürbisfleisch mit einer Gabel zerdrücken, den Salbei und das Ei unterrühren und mit Salz und Pfeffer würzen. Den Schafskäse in kleine Stücke schneiden und auf den Teigboden legen. Die Kürbismasse darauf verteilen und mit geriebenem Käse bestreuen.

Zu guter Letzt
Die Mini-Kürbisquiches 10 Minuten goldgelb backen.

Mürbteig-schüsselchen

Zutaten
200 g Mehl
1 Eigelb
100 g kalte Butter
2–3 EL Wasser
1 Prise Salz

Zubereitung
Die Butter in Würfel schneiden, mit dem Mehl und dem Salz in eine Küchenmaschine mit Schneideaufsatz geben und so lange mischen, bis feine Brösel entstehen. Das Eigelb und löffelweise das Wasser dazugeben. Die Masse aus der Maschine nehmen und einmal gut durchkneten. Den Teig mit einem Nudelholz ausrollen und mit einem runden Keksausstecher (Durchmesser: 4 cm) Kreise ausstechen. In eine Minimuffinform legen und 30 Minuten kalt stellen.

Zu guter Letzt
Im vorgeheizten Backofen bei 180°C 10 Minuten backen.

Österreichisch / Fingerfood

Mini-Wienerschnitzel mit Sauce Tartare

Ergibt 20 Stück

Zutaten
200 g Schweinefilet
250 ml Milch
100 g Mehl
2 Eier
250 g Semmelbrösel
Salz
Öl (zum Braten)

Zubereitung
Das Schweinefilet in mundgerechte Stücke schneiden. Die Eier verquirlen und salzen. Das Fleisch zuerst in die Milch tauchen, dann im Mehl und anschließend in den versprudelten Eiern wenden und zuletzt in den Semmelbrösel wälzen.

Zu guter Letzt
In einer Pfanne das Öl erhitzen und die Mini-Schnitzel langsam herausbacken. Auf einem Stück Küchenrolle abtropfen lassen und mit der Sauce Tartare servieren.

Sauce Tartare

Zutaten
1 Ei
1 TL Estragon-Senf
1 EL Essig
Salz und Pfeffer
Worcestersauce (nach Belieben)
ca. 200 ml Sonnenblumenöl
50 g klein geschnittene Essiggurken
50 g klein gehackte Kapern
1 EL fein geschnittene Frühlingszwiebeln
1 EL frisch gehackte Petersilie
1 TL frischer Dill
1 TL frisch geschnittener Schnittlauch

Zubereitung
In einem schmalen, hohen Gefäß das Ei, den Senf, den Essig und die Gewürze mit einem Stabmixer vermischen. Anschließend so lange langsam das Öl dazugeben, bis eine dicke Mayonnaise entsteht. Dies dauert ungefähr 1 Minute.

Zu guter Letzt
Die restlichen Zutaten untermischen und abschmecken.

Tipp
Die Schnitzel können bereits am Vortag paniert und erst im letzten Moment im Öl herausgebacken werden. Die Sauce Tartare kann bis zu 2 Tage im Voraus gemacht und kühl gestellt werden.

■ Österreichisch / Fingerfood

Tütchen mit Hühnerlebermousse und Preiselbeerkompott

Ergibt 20 Stück

Zutaten
20 Tütchen
150 g Hühnerleber
1 kleine Zwiebel
2 EL Butter
Salz und Pfeffer
150 ml Sahne
Preiselbeerkompott

Zubereitung
Die Hühnerleber putzen und alle Sehnen entfernen. Die Zwiebel schälen und klein schneiden. Die Leber und die Zwiebel in der Butter braten und danach zu einer glatten Crème pürieren. Diese durch ein Sieb streichen und auskühlen lassen. In der Zwischenzeit die Sahne steif schlagen und das Leberpüree vorsichtig unterziehen. Abschmecken und würzen.

Zu guter Letzt
Die Mousse in die Tütchen füllen und mit ein wenig Preiselbeerkompott garnieren. Sofort servieren.

TIPP Die Tütchen können bestellt werden bei www.raps-goo.at.

■ Österreichisch / Schüsselchen

Eierschwammerlsauce mit Semmelknödel (Brotklössen)

Für 8 Personen

Zutaten
1 Packung Toastbrot
2 Eier
250 ml Sahne
250 ml Sauerrahm (saure Sahne)
gemahlene Muskatnuss
Salz und Pfeffer

Zubereitung
Die einzelnen Toastbrotscheiben entrinden und in kleine Würfel schneiden. Die Eier verquirlen, mit der Sahne und dem Sauerrahm vermischen und über die Brotwürfel gießen. Anschließend mit den Gewürzen abschmecken. Diese Masse zweiteilen. Jede dieser beiden Hälften auf ein Stück Klarsichtfolie leeren und fest einrollen, dabei die Enden fest verdrehen. Zuletzt die beiden Rollen in Alufolie einwickeln und in köchelndem Salzwasser 40 Minuten garen.

Zu guter Letzt
Die Semmelknödel auswickeln, in Scheiben schneiden und mit der Eierschwammerlsauce servieren.

Eierschwammerlsauce

Zutaten
500 g Eierschwammerl (Pfifferlinge)
1 große Zwiebel
3 EL Butter
400 ml Sahne
1 EL Mehl
Salz und Pfeffer
frisch gehackte Petersilie

Zubereitung
In einer Pfanne 2 EL Butter schmelzen und darin die klein geschnittene Zwiebel rösten. Die geputzten und klein geschnittenen Eierschwammerl dazugeben, kurz anrösten, salzen und pfeffern. Dann mit der Sahne aufgießen und ein wenig einkochen lassen. Um die Sauce etwas zu verdicken, das Mehl mit 1 EL Butter vermischen und dazugeben.

Zu guter Letzt
Mit frischer Petersilie bestreut servieren.

■ Österreichisch / *Schüsselchen*

Käsespinatknödel mit Tomatensauce

Für 8 Personen

Zutaten
300 g Weißbrotwürfel
300 g gehackter Spinat
120 g Gruyère
(Schweizer Hartkäse)
3 Eier
125 ml Milch
150 g Mehl
1 Zwiebel
gemahlene Muskatnuss
Salz und Pfeffer
1 EL Butter

Zubereitung
Die Eier mit der Milch verrühren und über die Weißbrotwürfel gießen. Die Zwiebel schälen, klein schneiden und in der Butter andünsten. Den Spinat dazugeben und ausschwitzen lassen. Mit den Gewürzen abschmecken und mit den eingeweichten Brotwürfel vermischen. Danach den Käse und das Mehl dazugeben und alle Zutaten gut verkneten. Anschließend für etwa 15 Minuten im gesalzenen Wasser köcheln lassen.

Zu guter Letzt
Mit der Tomatensauce servieren.

Tomatensauce

Zutaten
1 mittelgroße Zwiebel
2 Knoblauchzehen
4 EL Olivenöl
1 TL Zucker
2 Lorbeerblätter
2 Dosen gehackte Tomaten
Salz und Pfeffer

Zubereitung
Das Öl in einen Topf geben und erhitzen. Die Zwiebel und die Knoblauchzehen schälen, klein schneiden und im Öl glasig werden lassen. Den Zucker dazugeben und karamellisieren.
Die Tomaten und die Lorbeerblätter beifügen und auf kleiner Flamme mindestens eine halbe Stunde köcheln lassen.

Zu guter Letzt
Die Lorbeerblätter entfernen, salzen und pfeffern.

■ Österreichisch / Schüsselchen

Kartoffelgulasch

Für 8 Personen

Zutaten

1,5 kg festkochende Kartoffeln
2 Zwiebeln
1 Knoblauchzehe
1 EL Öl
200 g Knackwurst
200 g geräucherte Hartwurst
2 EL Essig
4 EL Paprikapulver
ca. 500 ml Suppe (aus Suppenwürfel)
1 EL Kümmel
1 EL Majoran
Salz und Pfeffer

Zubereitung

Die Zwiebeln und die Knoblauchzehe schälen, klein schneiden und im Öl anrösten. Die Kartoffeln schälen und in mundgerechte Stücke schneiden. Die Würste halbieren und in Scheiben schneiden.
Die Kartoffeln, den Kümmel, das Paprikapulver und den Majoran zu den Zwiebeln geben und mit dem Essig ablöschen. Die Würste dazugeben und mit der Suppe aufgießen.

Zu guter Letzt

40 Minuten köcheln lassen, nach 20 Minuten Kochzeit eventuell noch etwas Suppe nachgießen. Abschließend abschmecken und servieren.

ÖSTERREICHISCH / SCHÜSSELCHEN

PANIERTE HÜHNERBRUST MIT KARTOFFELSALAT

Für 8 Personen

ZUTATEN
8 Hühnerbrüste (nicht zu groß)
3 Eier
300 ml Milch
300 g Mehl
500 g Semmelbrösel
Salz
Fett oder Öl

ZUBEREITUNG
Die Hühnerbrüste in mundgerechte Stücke schneiden. Die Eier mit dem Salz versprudeln. Zuerst die Hühnerbruststücke in die Milch tauchen, dann im Mehl sowie in den verquirlten Eiern wenden und abschließend in den Semmelbrösel wälzen, sodass sie überall bedeckt sind.

ZU GUTER LETZT
In einer Pfanne das Fett erwärmen und die Hühnerbruststücke darin langsam goldgelb backen.

KARTOFFELSALAT

ZUTATEN
1 kg speckige Kartoffeln
50 ml Rindsuppe
2 EL Estragon-Senf
4 EL Essig
4 EL Öl
Salz und Pfeffer
frischer Schnittlauch

ZUBEREITUNG
Die Kartoffeln weich kochen, dann sofort schälen und in Scheiben schneiden. Die noch heiße Rindsuppe darüber gießen. Öl, Essig, Senf, Salz und Pfeffer vermengen und damit den Kartoffelsalat marinieren. Danach auskühlen lassen.

ZU GUTER LETZT
Vor dem Anrichten noch einmal abschmecken, eventuell etwas Essig hinzufügen. Abschließend den Kartoffelsalat in die Schüsselchen füllen, mit dem klein geschnittenen Schnittlauch bestreuen und mit einigen panierten Hühnerbruststücken servieren.

■ Österreichisch / Schüsselchen

Paprikahuhn

Für 8 Personen

Zutaten
1,5 kg Hühneroberschenkel (ohne Haut und Knochen)
2 EL süßes Paprikapulver
scharfes Paprikapulver oder Peperoni (nach Belieben)
2 EL Sonnenblumenöl
2 EL Butter
2 Zwiebeln
3 Knoblauchzehen
300 ml Weißwein
200 ml Hühnersuppe
8 Tomaten
4 rote Paprika
Salz und Pfeffer
Sauerrahm (saure Sahne)

Zubereitung
Die Hühneroberschenkel in Stücke schneiden und in der Öl-Buttermischung portionsweise anbraten, danach beiseite stellen. Die klein geschnittenen Zwiebeln und die gehackten Knoblauchzehen so lange anbraten, bis sie glasig und weich sind, und dann mit dem süßen Paprikapulver bestreuen. Anschließend mit dem Weißwein ablöschen und leicht einkochen lassen. Die Hühnersuppe darüber gießen und das Fleisch dazugeben. Zugedeckt 30 Minuten köcheln lassen. Die enthäuteten Tomaten sowie die Paprika entkernen, in kleine Würfel schneiden und dazugeben. Bei Bedarf auch das scharfe Paprikapulver beimengen. Weitere 20 Minuten offen köcheln lassen, danach abschmecken.

Zu guter Letzt
Mit einem Löffel Sauerrahm servieren.

Tipp
Schmeckt am besten mit Nudeln.

Österreichisch / Schüsselchen

SCHINKENFLECKERL

Für 8 Personen

ZUTATEN
300 g Fleckerl
300 g Schinken oder Rauchfleisch
4 Eigelb
4 Eiweiß
250 ml Sauerrahm (saure Sahne)
125 g weiche Butter

FÜR DIE BÉCHAMELSAUCE
50 g Butter
3 EL Mehl
1 Prise Senfpulver
Salz
gemahlene Muskatnuss
300 ml Milch
geriebener Käse

ZUBEREITUNG
Den Backofen auf 180° C vorheizen.
Die Fleckerl in reichlich Salzwasser bissfest kochen und abtropfen lassen. Den Schinken oder das Rauchfleisch in kleine Stücke schneiden. Die Butter mit den Eigelben und dem Sauerrahm cremig verrühren, den Schinken dazugeben und mit den Fleckerl vermischen. Mit den Gewürzen abschmecken. Anschließend vorsichtig den Eischnee unterziehen und in eine gebutterte Auflaufform füllen.

Für die *BÉCHAMELSAUCE* die Butter in einem Topf schmelzen, das Mehl dazugeben und verrühren. Das Senfpulver untermischen. Nach und nach die Milch dazugeben und dabei fest rühren, damit keine Klumpen entstehen können. Mit der gemahlenen Muskatnuss und dem Salz würzen. Die Béchamelsauce über die Schinkenfleckerl gießen und mit Käse bestreuen.

ZU GUTER LETZT
Im Backofen ca. 40 Minuten backen, bis die Schinkenfleckerl goldgelb und knusprig sind.

Österreichisch / Schüsselchen

Schwammerlstrudel mit Schnittlauchsauce

Für 8 Personen

Zutaten
1 kg Schwammerl (Pilze)
1 Zwiebel
1 EL Butter
1 Knoblauchzehe
Trüffelöl (nach Belieben)
150 ml Crème fraîche
2 Eier
2 Packungen Strudelteig
Butter
Sauerrahm (saure Sahne)
frischer Schnittlauch

Zubereitung
Den Backofen auf 180°C vorheizen.
Die Zwiebel und die Knoblauchzehe schälen, klein hacken und in der Butter anbraten. Anschließend die klein geschnittenen Schwammerl dazugeben. Salzen, kurzzeitig mit einem Deckel zudecken und danach so lange offen köcheln lassen, bis die Flüssigkeit verdampft ist. Die Eier und die Crème fraîche darunter mischen. Mit etwas Trüffelöl abschmecken und abkühlen lassen.
Ein wenig Butter in einem Topf schmelzen, die Strudelblätter auf ein sauberes Geschirrtuch legen und mit der flüssigen Butter bestreichen. Für den ersten Strudel zwei Blätter übereinanderlegen, ein Viertel der Masse darauf verteilen und abschließend vorsichtig mit dem Tuch einrollen. Auf dieselbe Weise die anderen Strudel füllen. Alle Strudel nochmals mit Butter bestreichen und ca. 35 Minuten goldgelb backen.

Zu guter Letzt
Den Schnittlauch fein schneiden, mit dem Sauerrahm vermischen und ein wenig salzen. Die Schnittlauchsauce mit dem heißen Strudel servieren.

Österreichisch / Schüsselchen

Schweinefilet mit Zimtsauce und Vanillereis

Für 8 Personen

Zutaten
1,2 kg Schweinefilet
1 EL Öl
1 EL Butter
125 ml Weißwein
300 ml Sahne
250 ml Geflügelfond
100 g Schalotten
1 Zimtstange
½ TL Zimtpulver

Zubereitung
Das Schweinefleisch in 2 cm dicke Scheiben schneiden und in der Öl-Buttermischung scharf anbraten. Herausnehmen und beiseite stellen. Die Schalotten schälen, klein schneiden, ebenfalls anbraten und mit dem Weißwein einkochen lassen. Den Geflügelfond sowie die Zimtstange dazugeben und auf die Hälfte reduzieren. Anschließend die Sahne beimengen und eindicken lassen.
Das Zimtpulver hinzufügen und abschmecken.

Zu guter Letzt
Die Schweinefiletscheiben kurz in der Sauce ziehen lassen und sofort mit dem Vanillereis servieren.

Vanillereis

Zutaten
300 g Reis
1 Zwiebel
2 EL Butter
1 Vanilleschote
100 ml Sahne
600 ml Hühnersuppe
Salz und Pfeffer

Zubereitung
Die Zwiebel schälen, klein schneiden und in der geschmolzenen Butter anbraten. Den Reis dazugeben und glasig werden lassen. Mit der Suppe aufgießen und die aufgeschnittene Vanilleschote dazugeben. Zudecken und 20 Minuten auf kleiner Flamme köcheln lassen.

Zu guter Letzt
Wenn der Reis bissfest ist, die Vanilleschote entfernen und die Sahne einrühren. Danach würzen und abschmecken.

Österreichisch / Schüsselchen

Schweinsbraten mit Sauerkraut

Für 8 Personen

Zutaten
1,5 kg Schweinskarree mit Schwarte (ohne Knochen)
grobes Salz
2 EL Kümmel (ganz)
2 Knoblauchzehen
500 ml Bier

Zubereitung
Den Backofen auf 250°C vorheizen. Die Schwarte des Schweinskarrees mit einem scharfen Messer rautenförmig einschneiden und mit dem Salz sowie dem Kümmel einreiben. Die Knoblauchzehen schälen und durch eine Knoblauchpresse in die Schnitte drücken. Das Schweinskarree in einen Bräter legen und 15 Minuten im heißen Rohr anbraten. Danach die Temperatur auf 200°C reduzieren und 1,5 Stunden weiter braten. Nach den ersten 30 Minuten die Hälfte des Biers dazugießen, aber auf keinen Fall über die Kruste, da diese ansonsten nicht knusprig wird. Erst nach einer weiteren halben Stunde mit dem restlichen Bier aufgießen.

Zu guter Letzt
Den Schweinsbraten aus dem Ofen nehmen und davon vorsichtig die Kruste ablösen. Das Fleisch in dünne Scheiben oder Stücke schneiden. Auch die Kruste mit einem großen Messer in kleine Stücke brechen; am einfachsten gelingt dies auf der Hinterseite.

Sauerkraut

Zutaten
1 kg Sauerkraut
1 mittelgroße Zwiebel
200 g Speck
1 TL Zucker
1 TL Kümmel
200 ml Suppe (aus Suppenwürfel)
2 EL Öl
Salz und Pfeffer

Zubereitung
Das Öl erhitzen und die klein geschnittene Zwiebel darin anrösten. Den Zucker dazugeben und karamellisieren lassen. Das Sauerkraut und den Kümmel hinzufügen und mit der Suppe aufgießen. Zugedeckt 20 Minuten dünsten lassen. In der Zwischenzeit den Speck würfelig schneiden, in einer Pfanne knusprig anbraten und mit dem Sauerkraut vermischen.

Zu guter Letzt
Das Sauerkraut mit Salz und Pfeffer abschmecken und in kleinen Portionen mit je einem Stück Fleisch und Kruste servieren.

■ ÖSTERREICHISCH / SCHÜSSELCHEN

SZEGEDINER GULASCH

Für 8 Personen

ZUTATEN
800 g Schweineschulter
2 Zwiebeln
2 EL Öl
600 g Sauerkraut
4 EL Paprikapulver
1 EL Kümmel
150 ml Sauerrahm (saure Sahne)
250 ml Suppe (aus Suppenwürfel)
Salz und Pfeffer

ZUBEREITUNG
Die Schweineschulter in mundgerechte Stücke schneiden. Die klein geschnittenen Zwiebeln im Öl anrösten, dann das Fleisch dazugeben und ebenfalls anbraten. Mit dem Paprikapulver, dem Kümmel, Salz und Pfeffer würzen und mit der Suppe aufgießen. Anschließend zugedeckt 30 Minuten köcheln lassen.
Das Sauerkraut bei Bedarf etwas entsaften, entweder ausdrücken oder sogar kurz abspülen. Danach mehrmals durchschneiden und zum Fleisch geben. Das Ganze weitere 30 Minuten dünsten.

ZU GUTER LETZT
Den Sauerrahm unterrühren und abschmecken.

TIPP
Schmeckt am besten mit gekochten Kartoffeln.

■ Österreichisch / Gläser

Bratapfelmousse

Für 8 Personen

Zutaten
5 säuerliche Äpfel
2 Zimtstangen
1 EL Rosinen
1 EL geschälte Mandeln
4 EL brauner Rum
5 EL Ahornsirup
60 ml Weißwein
20 g Butter
3 Eigelb
3 Eiweiß
100 g Zucker
250 ml Sahne

Zubereitung
Den Backofen auf 200°C vorheizen. Mit einem Apfelausstecher von 4 Äpfeln die Kerngehäuse entfernen, die Äpfel auf ein Blech legen und je eine halbe Zimtstange, Rosinen und Mandeln in die Öffnungen geben. Rum, Weißwein und 3 EL Ahornsirup verrühren und über die Äpfel gießen. 30 Minuten im Backofen braten. Anschließend pürieren, durch ein Sieb streichen und abkühlen lassen. Nun den letzten Apfel schälen, entkernen und in ganz kleine Stücke schneiden. Diese in der Butter andünsten und mit dem restlichen Ahornsirup vermischen. Beiseite stellen. Die Eiweiße und die Sahne in separaten Schüsseln steif schlagen. Die Eigelbe mit dem Zucker schaumig rühren, den Eischnee unterziehen und zum Schluss die Sahne unterheben. Das Bratapfelpüree und die Apfelstücke vorsichtig daruntermischen.

Zu guter Letzt
Die Mousse in Gläser füllen und servieren.

Tipp
Diese Bratapfelmousse kann auch wunderbar in eine Kastenform oder individuelle Förmchen gefüllt und dann eingefroren werden. Eine Stunde vor dem Verzehr muss die Mousse allerdings vom Tiefkühlfach in den Kühlschrank gestellt werden, damit sie genau die richtige Konsistenz hat.

■ Österreichisch / Gläser

KAISERSCHMARREN

Für 8 Personen

ZUTATEN
8 Eier
3 EL Sahne
3 EL Rosinen
6 EL Zucker
80 g Mehl
geriebene Zitronenschale
1 Pkg. Vanillezucker
1 Prise Salz
80 g Butter
Zucker
Zwetschkenröster (Pflaumenkompott)

ZUBEREITUNG
Die Eier trennen und die Eiweiße mit dem Zucker und der Prise Salz steif schlagen. Die Eigelbe, die flüssige Sahne, den Vanillezucker, die Zitronenschale und die Rosinen dazugeben und das Mehl vorsichtig unterziehen.
In einer großen Pfanne die Butter schmelzen und den Teig hineingießen. Leicht anbacken lassen. Mit 2 Gabeln den Teig vorsichtig zerreißen und so lange weiterbacken, bis alles gut durch ist.

ZU GUTER LETZT
Mit Zucker bestreuen und mit dem Zwetschkenröster servieren.

■ Österreichisch / Gläser

Kürbismousse

Für 8 Personen

Zutaten
500 g Butternusskürbis
100 g Zucker
2 TL gemahlener Zimt
1 TL gemahlener Ingwer
½ TL gemahlene Muskatnuss
3 EL Zitronensaft
2 TL Gelatine
4 Eier
300 ml Sahne
100 g Honig
50 g Kürbiskerne

Zubereitung
Den Kürbis schälen, in 3 cm große Würfel schneiden, mit dem Zucker, 200 ml Wasser sowie den Gewürzen in einen Topf geben und in etwa 15–20 Minuten weich kochen. In der Zwischenzeit den Zitronensaft und 2 EL Wasser mit der Gelatine vermischen und 5 Minuten stehen lassen. Diese Mischung in einen Topf mit kochendem Wasser stellen und so lange rühren, bis sich die Gelatine ganz aufgelöst hat. Den Kürbis mit der Flüssigkeit pürieren, dann die Eigelbe und die Gelatine einrühren. Kalt stellen. Die Eiweiße und die Sahne in separaten Schüsseln steif schlagen. Dann vorsichtig zuerst den Eischnee und danach die Sahne unter die Kürbiscrème mischen. Die fertige Mousse in Gläser füllen und kalt stellen.

Zu guter Letzt
Den Honig und die Kürbiskerne in einem kleinen Topf erwärmen und 2–3 Minuten köcheln lassen. Auf ein geöltes Blech gießen und erkalten lassen. In kleine Stücke brechen und damit die Kürbiscrème garnieren.

■ Österreichisch / Gläser

Lebkuchenmousse mit Zimt

Für 8 Personen

ZUTATEN
6 Eier
200 g Zucker
100 g Lebkuchen
200 g Schokoladenlebkuchen
1 TL gemahlener Zimt
1 Msp. gemahlene Gewürznelken
1 Msp. gemahlene Muskatnuss
500 ml Sahne

ZUBEREITUNG
Die Eier trennen und die Eigelbe mit dem Zucker schaumig schlagen. Den Lebkuchen im Mixer fein mahlen und mit den Gewürzen zur Eigelbmischung geben. Den Schokoladenlebkuchen in kleine Stücke schneiden und untermischen.
Die Eiweiße und die Sahne in separaten Schüsseln steif schlagen, zuerst die Sahne, dann den Eischnee unterziehen und in Gläser füllen. Kalt stellen.

ZU GUTER LETZT
Mit Lebkuchenbrösel bestreut servieren.

TIPP

Diese Lebkuchenmousse kann auch wunderbar in eine Kastenform oder in individuelle Förmchen gefüllt und dann eingefroren werden. Eine Stunde vor dem Verzehr muss die Mousse allerdings vom Tiefkühlfach in den Kühlschrank gestellt werden, damit sie genau die richtige Konsistenz hat.

■ Österreichisch / Gläser

Sachermousse mit Marillensauce

Für 8 Personen

ZUTATEN
300 g Bitterschokolade
5 Eier
100 g Zucker
2 EL dunkles Kakaopulver
2 EL Instantkaffee
400 ml Sahne
500 g frische Marillen (Aprikosen)
150 g Zucker
1 EL Rum

ZUBEREITUNG
Die Bitterschokolade im Wasserbad schmelzen. Leicht auskühlen lassen. Die Eigelbe mit dem Zucker schaumig schlagen, den Instantkaffee und das Kakaopulver untermischen und zuletzt die Schokolade dazugeben. Die Eiweiße und die Sahne in separaten Schüsseln steif schlagen. Zuerst die Sahne unter die Schokoladencrème mischen, dann vorsichtig den Eischnee unterziehen. In Gläser füllen und kalt stellen.

ZU GUTER LETZT
Die Marillen mit dem Zucker circa 10 Minuten weich kochen und anschließend pürieren. Den Rum dazugeben und auskühlen lassen. Die Sauce auf die Sachermousse geben und mit Schokoladenraspeln bestreuen.

■ Österreichisch / Gläser

Topfencrème mit Himbeeren

Für 8 Personen

Zutaten
400 g Topfen (Quark)
125 ml Milch
300 ml Sahne
2 Blatt Gelatine
300 g Zucker
3 Eigelb
2 EL Rum
1 Pkg. Vanillezucker
Saft und abgeriebene Schale von 1 Zitrone
500 g gefrorene Himbeeren

Zubereitung
Die Gelatineblätter in kaltem Wasser einweichen.
Die Eigelbe mit 150 g Zucker schaumig rühren, Zitronensaft und -schale untermischen. Die Milch etwas erwärmen, die Gelatine, den Vanillezucker und den Rum dazugeben und gut verrühren.
Zur Eiermasse mischen und diese Crème erkalten lassen.
Die Sahne steif schlagen und mit dem Topfen vermischen.
Mit der Crème verrühren und in Gläser füllen.

Zu guter Letzt

Die Himbeeren auftauen lassen, mit 150 g Zucker pürieren und zur Topfencrème servieren.

■ Österreichisch / Gläser

Topfenknödel mit Erdbeeren

Für 8 Personen

Zutaten
250 g Biskotten (Löffelbiskuits)
500 g Magertopfen (Magerquark)
160 g Butter
80 g Staubzucker
2 Eier
50 g Mehl
500 g kleine Erdbeeren
1 Pkg. Vanillezucker
6 EL Zucker

Zubereitung
Die Erdbeeren vierteln und mit dem Zucker und dem Vanillezucker vermischen. Die Biskotten mit dem Nudelholz zu Bröseln verarbeiten. Die Hälfte der Butter mit dem Staubzucker cremig rühren, dann nacheinander die Eier, den Topfen, das Mehl und 160 g der Brösel dazugeben. Diese Mischung 1 Stunde kalt stellen. Aus der gekühlten Topfenmasse kleine Knödel formen und in reichlich Wasser mit einer Prise Salz 10 Minuten bei mittlerer Hitze ziehen lassen.

Zu guter Letzt
In einer Pfanne die restliche Butter schmelzen und die übrigen Brösel darin anrösten. Die Knödel in den Bröseln wälzen und mit den Erdbeeren servieren.

Italienisch

Italienisch / Fingerfood

Gebratenes Rinderfilet mit Salsa Verde auf Toast

Ergibt 20 Stück

Zutaten

5 Scheiben Toastbrot
1 Handvoll Petersilie
1 Handvoll Basilikum
1 Handvoll Minze
1 Knoblauchzehe
1 EL Dijon-Senf
1 EL Kapern
2–4 EL Olivenöl
2 Sardellenfilets
340 g Rinderfilet
1 EL Mayonnaise
Salz und Pfeffer

Für die Mayonnaise
1 Ei
1 EL Estragon-Senf
1 EL Essig
Salz und Pfeffer
1 Spritzer Worcestersauce
ca. 150 ml Sonnenblumenöl

Zubereitung

Die Toastbrote rösten und mit einem runden Keksausstecher (Durchmesser: 4 cm) aus jeder Scheibe 4 Kreise ausstechen.

Für die *Salsa Verde* die Kräuter mit der klein gehackten Knoblauchzehe, dem Senf, den Kapern und den Sardellenfilets vermischen, mit einem Pürierstab pürieren und anschließend so viel Olivenöl dazugeben, dass eine dicke Paste entsteht. Mit Salz und Pfeffer abschmecken.

Das Rinderfilet in mundgerechte Stücke schneiden und diese in einer Pfanne kurz anbraten.

Für die *Mayonnaise* alle Zutaten bis auf das Öl in ein hohes Gefäß geben und mit einem Pürierstab kurz durchmischen. Danach so lange langsam das Öl hinzufügen, bis eine dicke Mayonnaise entsteht. Mit Salz und Pfeffer abschmecken.

Zu guter Letzt

Auf jede Toastbrotscheibe zunächst etwas Mayonnaise geben, für den besseren Geschmack und Halt des Fleisches. Dann ein Rindfleischstück darauf setzen und mit etwas Salsa Verde garnieren. Noch warm oder bei Zimmertemperatur servieren.

Tipp

Die Salsa Verde kann man bereits am Vortag zubereiten und über Nacht im Kühlschrank aufbewahren.

■ Italienisch / Fingerfood

Geröstete Paprikasuppe mit Basilikumöl

Ergibt 20 Mokkatassen

Zutaten

4 rote Paprika
2 Dosen gehackte Tomaten
ca. 8 EL Olivenöl
1 EL gehackter, entkernter roter Chili
1 Knoblauchzehe
2 EL Rotweinessig
700 ml Hühner- oder Gemüsesuppe
10 Blätter frisches Basilikum
4 EL Olivenöl
Salz und Pfeffer

Zubereitung

Den Backofen auf 250°C Grill-Stufe vorheizen.
Die Paprika halbieren, entkernen, auf ein Backblech legen und unter dem Grill die Haut schwarz werden lassen. Die Paprika herausnehmen, sofort in eine Schüssel geben und mit Klarsichtfolie fest zudecken. Auskühlen lassen. Danach die Haut mit den Fingern abschälen und die Paprika grob hacken.
Anschließend die Paprikastücke in 2 EL Öl anbraten und mit dem Chili sowie der klein geschnittenen Knoblauchzehe einige Minuten dünsten. Die Tomaten und den Essig dazugeben und weitere 10 Minuten köcheln lassen. Dann mit der Suppe aufkochen und 15 Minuten köcheln. Für das Basilikumöl die frischen Basilikumblätter mit dem Olivenöl pürieren.

Zu guter Letzt

Die Suppe pürieren, mit Salz und Pfeffer abschmecken, mit dem Basilikumöl beträufeln und servieren.

Tipp

Diese Suppe schmeckt sowohl warm als auch kalt und lässt sich zudem hervorragend einfrieren. Das Basilikumöl kann ohne Weiteres einige Tage im Kühlschrank aufbewahrt werden.

Italienisch / Fingerfood

Hühnerspiesse mit Parmaschinken, Salbei und Paprikadip

Ergibt 20 Stück

ZUTATEN
2 Hühnerbrüste
(ohne Haut und Knochen)
2 EL Zitronensaft
4 EL Olivenöl
Salz und Pfeffer
5 Scheiben Parmaschinken
20 kleine Salbeiblätter
etwas Olivenöl
100 ml Mayonnaise
1 roter Paprika

FÜR DIE MAYONNAISE
1 Ei
1 EL Estragon-Senf
1 EL Essig
Salz und Pfeffer
1 Spritzer Worcestersauce
ca. 150 ml Sonnenblumenöl

ZUBEREITUNG

Den Backofen auf 250°C Grill-Stufe vorheizen.

Für den Dip den Paprika halbieren, entkernen und so lange unter den Grill legen, bis die Haut schwarz ist. Herausnehmen, sofort in eine Schüssel geben und mit Klarsichtfolie fest zudecken. Auskühlen lassen.

Den Zitronensaft mit dem Öl, Salz und Pfeffer vermischen. Die Hühnerbrüste in mundgerechte Stücke schneiden, in die Zitronenmarinade legen und mindestens eine Stunde oder über Nacht marinieren. Die Hühnerstücke herausnehmen und abtropfen lassen. Den Parmaschinken in schmale Streifen schneiden. Auf jeden Schinkenstreifen ein kleines Salbeiblatt legen und ein Stück Hühnerfleisch darin einwickeln.

Für die *MAYONNAISE* alle Zutaten bis auf das Öl in ein hohes Gefäß geben und mit einem Pürierstab kurz durchmischen. Danach so lange langsam das Öl hinzufügen, bis eine dicke Mayonnaise entsteht. Mit Salz und Pfeffer abschmecken.

Für den *PAPRIKADIP* den Paprika schälen, zusammen mit der Mayonnaise pürieren und abschmecken.

ZU GUTER LETZT

Die Hühnerstücke so lange in der Pfanne braten, bis sie goldbraun und durch sind. Aufspießen und mit dem Paprikadip servieren.

TIPP

Man kann bereits am Vortag die Hühnerstücke in die Schinkenstreifen einwickeln und den Paprikadip zubereiten. Anschließend beides über Nacht kalt stellen.

Italienisch / Fingerfood

Kirschtomaten gefüllt mit Mozzarella und Pesto

Ergibt 20 Stück

Zutaten
2 EL Pesto
20 Kirschtomaten
1 Mozzarella

Für das Pesto
1 großer Bund Basilikum
100 g geröstete Pinienkerne
100 g Parmesan
2 Knoblauchzehen
ca. 125 ml Olivenöl
Salz

Zubereitung
Den Backofen auf 150°C vorheizen.

Für das PESTO zuerst den Parmesan mit einem Pürierstab pürieren. Dann die Basilikumblätter, die Pinienkerne und die Knoblauchzehen dazugeben und noch einmal pürieren. Anschließend salzen und so viel Olivenöl dazugießen, dass eine dicke Paste entsteht.
Die Deckel der Kirschtomaten abschneiden, die Tomaten mit einem Eierlöffel aushöhlen und umgedreht auf ein Blatt Küchenrolle stellen. Den Mozzarella in so kleine Stücke schneiden, dass diese in die Kirschtomaten passen. In jede Tomate zunächst ein wenig Pesto geben, dann ein Mozzarellastück darauf legen und mit etwas Pesto abschließen.

Zu guter Letzt
Die gefüllten Kirschtomaten kurz in den Backofen schieben, bis der Käse geschmolzen ist. Dies dauert nur ein paar Minuten. Anschließend die Tomaten auf Porzellanlöffel legen und mit frischem Basilikum bestreut servieren.

Tipp
Für die längere Aufbewahrung das Pesto in ein Glas füllen, mit einer dicken Schicht Olivenöl bedecken und in den Kühlschrank stellen, so hält es sich bis zu einer Woche, oder einfrieren.

Italienisch / Fingerfood

Marinierte Tortellinispiesse mit sonnengetrockneten Tomaten

Ergibt 20 Stück

Zutaten
1 Packung Tortellini (20 Stück)
10 halb getrocknete Tomaten
20 Basilikumblätter
20 Holzspieße

Für die Marinade
1 TL geriebene Zitronenschale
2 EL Zitronensaft
4 EL Olivenöl
Salz und Pfeffer

Zubereitung
Die Tortellini wie auf der Packung angegeben in Salzwasser kochen und anschließend das Wasser abgießen.

In der Zwischenzeit die *Marinade* zubereiten, in dem alle Zutaten miteinander vermischt werden. Die Tortellini noch heiß in die Marinade legen, zudecken und auskühlen lassen.

Zu guter Letzt
Die Tortellini aus der Marinade nehmen und auf einem Blatt Küchenrolle abtropfen lassen. Anschließend die Spieße zubereiten. Dazu zuerst ein Tortellini und danach eine halbe, in ein Basilikumblatt gewickelte Tomate aufspießen und servieren.

Tipp

Die Tortellini sollten mit etwas Neutralem gefüllt sein, wie beispielsweise Spinat mit Ricotta.
Die Spieße können bereits ein paar Stunden vorher zubereitet werden.

Italienisch / Fingerfood

Maronisuppe mit Fenchel

Ergibt 20 Espressotassen

Zutaten
400 g gekochte Maroni
2 Fenchelknollen
2 Lorbeerblätter
½ TL gemahlene Muskatnuss
½ TL gemahlene Nelken
½ TL Zimt
Salz und Pfeffer
700 ml Gemüsesuppe
250 ml Sahne
geröstete Brotwürfel

Zubereitung
Die Gemüsesuppe aufkochen, die Maroni hacken und in die Suppe geben. Die Fenchelknollen klein schneiden und mit den Lorbeerblättern sowie den Gewürzen dazugeben. Aufkochen und dann 30 Minuten sanft köcheln lassen.
Die Lorbeerblätter entfernen und 2/3 der Suppe mit der Sahne mit einem Pürierstab pürieren. Diese zu der restlichen Suppe geben und abermals aufkochen lassen. Mit Salz und Pfeffer würzen.

Zu guter Letzt
Die Suppe in die Espressotassen füllen und mit den gerösteten Brotwürfel servieren.

Tipp

Diese Maronisuppe eignet sich hervorragend für die Festessen rund um die Weihnachtsfeiertage. Um die Suppe dem Fest angemessen zu garnieren, einfach aus den Brotscheiben kleine Sterne ausstechen.

■ Italienisch / Fingerfood

Parmesankekse mit Pesto und Tomaten

Ergibt ca. 30 Stück

Zutaten
60 g Mehl
45 g Butter
60 g Parmesan
Salz
Cayennepfeffer
4 EL Pesto
30 sonnengetrocknete Tomatenstücke
30 Pinienkerne

Für das Pesto
1 großer Bund Basilikum
100 g geröstete Pinienkerne
100 g Parmesan
2 Knoblauchzehen
ca. 125 ml Olivenöl
Salz

Zubereitung
Die kalte Butter würfeln und mit Mehl, dem geriebenen Parmesan und den Gewürzen in der Küchenmaschine mit Schneideaufsatz so lange vermischen, bis ein bröseliger Teig entsteht. Diesen auf einer bemehlten Fläche ungefähr 3 mm dick ausrollen und mit einem runden Keksausstecher (Durchmesser: 4 cm) Kreise ausstechen. Diese auf ein Backblech legen und im Kühlschrank 30 Minuten kalt stellen. Den Backofen auf 180°C vorheizen und dann die Kekse in etwa 8 Minuten goldgelb backen.

Für das *Pesto* zuerst den Parmesan mit einem Pürierstab pürieren. Dann die Basilikumblätter, die Pinienkerne und die Knoblauchzehen dazugeben und noch einmal pürieren. Anschließend salzen und so viel Olivenöl dazugießen, dass eine dicke Paste entsteht.

Zu guter Letzt
Die Kekse mit Pesto, Tomatenstückchen und Pinienkernen belegen.

Tipp
Die Kekse können bis zu 2 Wochen im Voraus gebacken werden, müssen dann allerdings in einer Keksdose aufbewahrt werden.

■ Italienisch / Fingerfood

Rucolasuppe

Ergibt 20 kleine Gläser

Zutaten
1 Knoblauchzehe
30 g gehackte Pinienkerne
4 EL Olivenöl
100 ml Weißwein
450 ml Gemüsesuppe
300 ml Sahne
Salz und Pfeffer
gemahlene Muskatnuss
ca. 50 g Parmesanrinde
100 g Rucola
1 kleiner Blattsalat
etwas Zitronensaft

Zubereitung
Die Knoblauchzehe schälen, fein hacken und mit den Pinienkernen in 2 EL Olivenöl anbraten. Mit dem Weißwein ablöschen und ein wenig einkochen. Die Suppe sowie die Sahne dazugießen, die Parmesanrinde dazugeben und 15 Minuten kochen lassen. Anschließend die Parmesanrinde wieder aus der Suppe entfernen. Den Rucola sowie den Salat waschen und grob schneiden. Mit Ausnahme einiger Rucolablätter, die für die Garnitur benötigt werden, die Rucola- und Salatblätter in einen Topf geben, mit der Suppe aufgießen und mit einem Pürierstab pürieren.
Falls notwendig anschließend durch ein Sieb gießen. Danach mit Salz, Pfeffer und Muskatnuss würzen und mit ein paar Spritzer Zitronensaft abschmecken.

Zu guter Letzt
Die Suppe in Gläser füllen und mit dem restlichen Öl und den Rucolablättern garnieren.

Tipp
Schmeckt auch kalt vorzüglich.

Italienisch / Fingerfood

Truthahn Tonnato

Ergibt 40 Stück

Zutaten
20 Scheiben Truthahnschinken
20 Mini-Cornichons
1 kleine Dose Thunfisch (in der Salzlake)
8 EL Mayonnaise
4 Sardellenfilets
1 EL Kapern
frischer Schnittlauch
Salz und Pfeffer

Für die Mayonnaise
1 Ei
1 EL Estragon-Senf
1 EL Essig
Salz und Pfeffer
1 Spritzer Worcestersauce
ca. 150 ml Sonnenblumenöl

Zubereitung
Die Truthahnschinkenscheiben der Länge nach durchschneiden und die Rundungen an den Enden abschneiden.

Für die *Mayonnaise* alle Zutaten bis auf das Öl in ein hohes Gefäß geben und mit einem Pürierstab kurz durchmischen. Danach so lange langsam das Öl hinzufügen, bis eine dicke Mayonnaise entsteht. Mit Salz und Pfeffer abschmecken. Die Mayonnaise mit dem Thunfisch, den Sardellenfilets sowie den Kapern vermischen, mit einem Pürierstab pürieren und mit Salz und Pfeffer abschmecken.

Zu guter Letzt
Die Thunfischmayonnaise vorsichtig und nicht ganz bis zum Ende auf die Truthahnschinkenscheiben streichen, ein halbes Cornichon darauf setzen, einrollen und mit einem Schnittlauch zubinden.

Tipp

Die Truthahnschinkenröllchen kann man bereits am Vortag vorbereiten. Den Schnittlauch allerdings erst kurz vor dem Servieren verknoten.

■ Italienisch / Schüsselchen

Penne mit Pesto, Pinienkernen und Brokkoli

Für 8 Personen

Zutaten
Pesto
500 g Brokkoli
100 g Pinienkerne
800 g Penne
frisch geriebener Parmesan

Für das Pesto
1 großer Bund Basilikum
100 g geröstete Pinienkerne
100 g Parmesan
2 Knoblauchzehen
ca. 125 ml Olivenöl
Salz

Zubereitung
Die Nudeln in reichlich Salzwasser bissfest kochen. Den Brokkoli in die einzelnen Röschen zerteilen und für die letzten 3 Minuten Kochzeit mitkochen.
Die Pinienkerne in einer trockenen Pfanne rösten.

Für das *Pesto* zuerst den Parmesan mit einem Pürierstab pürieren. Dann die Basilikumblätter, die Pinienkerne und die Knoblauchzehen dazugeben und noch einmal pürieren. Anschließend salzen und so viel Olivenöl dazugießen, dass eine dicke Paste entsteht.

Zu guter Letzt
Das Pesto mit 2 EL Nudelwasser verrühren und unter die Nudeln mischen. Mit den Pinienkernen und dem frisch geriebenen Parmesan bestreuen und servieren.

Tipp
Für die längere Aufbewahrung das Pesto in ein Glas füllen, mit einer dicken Schicht Olivenöl bedecken und in den Kühlschrank stellen, so hält es sich bis zu einer Woche, oder einfrieren.

■ Italienisch / Schüsselchen

Gebackener Ricotta mit Brokkoli und gerösteten Kirschtomaten

Für 8 Personen

Zutaten
1 kg Brokkoli
200 g frisch geriebener Parmesan
2 EL Olivenöl
3 Knoblauchzehen
1 TL getrocknete Chiliflocken
3 EL frischer Majoran
6 Eier
500 g Ricotta
250 ml Crème fraîche
1 Handvoll geröstete Pinienkerne
500 g Kirschtomaten
etwas Olivenöl
grobes Meersalz

Zubereitung
Den Backofen auf 200°C vorheizen.
Den Brokkoli zerteilen und in kochendem Salzwasser 4 Minuten kochen. Abgießen und grob hacken.
Die Knoblauchzehen schälen und in dünne Scheiben schneiden.
1 EL Olivenöl in einer Pfanne erhitzen und den Knoblauch sowie die Chiliflocken anbraten. Den Brokkoli dazugeben und mit dem Majoran würzen.
Die Eier mit dem Ricotta und der Crème fraîche vermischen.
150 g vom Parmesan und die Pinienkerne dazugeben und mit dem Brokkoli vermengen. Eine flache Auflaufform mit Olivenöl auspinseln, mit dem restlichen Parmesan ausstreuen und die Brokkolimasse einfüllen. Diese mit 1 EL Olivenöl beträufeln, in den Backofen schieben und so lange backen, bis sie goldbraun ist (etwa 30 Minuten).

Zu guter Letzt
Die Kirschtomaten auf ein Backblech geben und mit Olivenöl beträufeln. Mit dem Meersalz bestreuen, 20 Minuten im Backofen rösten und mit dem Brokkoliauflauf servieren.

Italienisch / Schüsselchen

Nockerl (Gnocchi) mit Gorgonzolasauce und knusprigem Speck

Für 8 Personen

Zutaten
750 g Topfen (Quark)
9 Eier
ca. 700 g Mehl
Salz
200 g Pancetta

Für die Gorgonzolasauce
200 g milder Gorgonzola
400 ml Sahne
Salz und Pfeffer

Zubereitung
Den Topfen mit den Eiern und dem Salz verrühren. Danach so viel Mehl dazugeben, dass eine zähe Masse entsteht.
Anschließend in einem Topf Salzwasser aufstellen und den Teig mit einem Nockerlhobel oder -brett ins Wasser reiben.

In der Zwischenzeit die *Gorgonzolasauce* zubereiten. Dazu den Gorgonzola bei kleiner Hitze in der Sahne auflösen und mit Salz und Pfeffer abschmecken.
Die Pancetta in schmale Streifen schneiden und in einer Pfanne knusprig anbraten.

Zu guter Letzt
Wenn die Nockerl an die Wasseroberfläche kommen, abgießen und mit der Gorgonzolasauce und den Pancettastreifen servieren.

TIPP

Man kann diese Nockerl wunderbar in einer flachen Plastikdose einfrieren; am besten sofort und mit ein wenig Öl vermischt, damit sie nicht aneinanderkleben.
Außerdem kann man diese Nockerl auch mit gebratenen Zwiebeln und Bergkäse als „Kasnocken" servieren.

ITALIENISCH / SCHÜSSELCHEN

Gnocchi mit Tomaten, Speck und Rotwein

Für 8 Personen

ZUTATEN
750 g festkochende Kartoffeln
2 Eigelb
ca. 100 g Mehl
1 TL Salz
50 g frischer Parmesan

FÜR DIE TOMATENSAUCE
10 frische Thymianzweige
6 Knoblauchzehen
100 g Speck
300 ml Rotwein
3 Dosen gehackte Tomaten
2 EL Zwiebelmarmelade
1 Bund frisches Basilikum

ZUBEREITUNG
Die Kartoffeln mit der Schale in reichlich Salzwasser weich kochen, schälen und noch warm durch eine Kartoffelpresse drücken. Mit den Eigelben, dem Parmesan sowie dem Salz vermischen und nach und nach das Mehl einarbeiten, bis eine dickflüssige Masse entsteht. (Nicht zu viel Mehl verwenden, da die Gnocchi sonst zu fest werden.) Auf einer bemehlten Fläche aus der Kartoffelmasse eine dicke Rolle (Durchmesser: 1,5–2 cm) formen und kleine Stücke abschneiden, in die man mit einer Gabel noch die typischen Rillen machen kann. (Auf einem bemehlten Backblech und mit einem feuchten Tuch bedeckt kann man die Gnocchi 1–2 Stunden aufbewahren.)

Für die TOMATENSAUCE die Thymianblätter abstreifen und fein hacken. Die Knoblauchzehen schälen und klein schneiden. Den Speck würfeln und bei milder Hitze anbraten. Den Thymian, den Knoblauch und die Zwiebelmarmelade dazugeben. Mit Rotwein ablöschen und so lange kochen lassen, bis sich die Flüssigkeit auf die Hälfte reduziert hat. Anschließend die Tomaten dazugeben und ca. 20 Minuten kochen. Mit Salz und Pfeffer abschmecken.

ZU GUTER LETZT
Die Gnocchi in einen Topf mit kochendem Salzwasser geben und so lange kochen, bis sie wieder an die Oberfläche kommen. Dies dauert in etwa 2–4 Minuten. Danach abgießen und mit der Tomatensauce sowie dem klein gehackten Basilikum servieren.

ZWIEBEL-MARMELADE

ZUTATEN
50 g Butter
500 g rote Zwiebeln
1 Knoblauchzehe
50 g Zucker
1 TL Thymian
150 ml Rotwein
75 ml Rotweinessig
Salz und Pfeffer

ZUBEREITUNG
Die Zwiebeln und die Knoblauchzehe schälen, klein schneiden und in der geschmolzenen Butter bei kleiner Hitze anbraten. Den Zucker und den Thymian dazugeben und 20 Minuten schmoren lassen. Den Rotwein und den Essig dazugeben und weitere 15 Minuten kochen, bis die ganze Flüssigkeit verdampft ist. Mit Salz und Pfeffer abschmecken und in Gläser füllen.

Italienisch / Schüsselchen

Huhn „Cacciatore" mit Tomaten und Oliven

Für 8 Personen

Zutaten
1,5 kg Hühneroberkeulen (ohne Haut und Knochen)
3 EL Olivenöl
1 EL Butter
1 Zwiebel
3 Knoblauchzehen
2 Dosen gehackte Tomaten
125 ml Weißwein
ca. 100 ml Hühnersuppe
150 g Oliven
Salz und Pfeffer
1 Handvoll frisches Basilikum

Zubereitung
Den Backofen auf 180°C vorheizen.
Das Hühnerfleisch in mundgerechte Stücke schneiden. Das Öl und die Butter in einer Pfanne heiß werden lassen und darin die Hühnerfleischstücke scharf anbraten. Anschließend herausnehmen.
Die Zwiebel und die Knoblauchzehen schälen, klein schneiden und in der Pfanne anbraten. Mit dem Weißwein ablöschen und den Bratensatz abkratzen. Die Tomaten sowie die Suppe dazugeben und anschließend das Fleisch in die Sauce legen. Die Oliven hinzufügen und das Fleisch zugedeckt im Backrohr 45 Minuten schmoren lassen.

Zu guter Letzt
Mit Salz und Pfeffer abschmecken und mit frischem Basilikum bestreuen.

TIPP
Schmeckt am besten mit Polenta oder knusprigem Brot.

Italienisch / Schüsselchen

Huhn in cremiger Thymian-Wermut-Sauce

Für 8 Personen

Zutaten
1,2 kg Hühneroberkeulen (ohne Haut und Knochen)
Paprikapulver (nach Belieben)
2 EL Öl
2 EL Butter
125 ml Wermut
ein paar frische Thymianzweige
250 g Kirschtomaten
250 ml Sahne
Salz und Pfeffer

Zubereitung
Den Backofen auf 180°C vorheizen.
Das Hühnerfleisch in mundgerechte Stücke schneiden, mit dem Paprikapulver würzen und in der Öl-Buttermischung scharf anbraten. Salzen, pfeffern und in einen Bräter geben.
Den Bratensatz mit Wermut ablöschen und über das Hühnerfleisch gießen. Dieses mit den Thymianzweigen bedecken und zugedeckt 20 Minuten im Backofen braten.
Die Kirschtomaten dazugeben. Nach weiteren 15 Minuten die Sahne darübergießen und offen noch 15 Minuten fertig braten.

Zu guter Letzt
Mit Salz und Pfeffer abschmecken und mit frischem Thymian bestreuen.

TIPP — Schmeckt am besten mit Nudeln jeglicher Art.

■ Italienisch / Schüsselchen

Huhn mit Bohnen, Speck und Weisswein

Für 8 Personen

ZUTATEN
1,2 kg Hühneroberkeulen (ohne Haut und Knochen)
2 EL Olivenöl
2 EL Butter
2 mittelgroße Zwiebeln
2 Knoblauchzehen
2 TL Thymian
300 ml Weißwein
2 Dosen (à 400 g) weiße Bohnen
150 g Speck
200 ml Hühnersuppe
frische Petersilie

ZUBEREITUNG
Das Hühnerfleisch in mundgerechte Stücke schneiden und in der Öl-Buttermischung portionsweise anbraten. Herausnehmen und zur Seite stellen.
Die Zwiebeln und die Knoblauchzehen schälen, klein schneiden und ebenfalls in der Pfanne anbraten.
Den Speck in kleine Würfel schneiden, dazugeben und mit dem Thymian würzen. Mit dem Wein ablöschenund den Bratensatz abkratzen.
Die Suppe dazugießen und das Hühnerfleisch in die Pfanne geben. Zudecken und auf kleiner Flamme 20 Minuten schmoren lassen.

ZU GUTER LETZT
Die Bohnen abtropfen, zum Hühnerfleisch geben und so lange durchrühren, bis sie warm sind. Mit Petersilie bestreut servieren.

TIPP
Schmeckt am besten mit einem frischen Baguette.

Italienisch / Schüsselchen

Orecchiette mit Pancetta, Minze und Babyerbsen

Für 8 Personen

Zutaten
800 g Orecchiette
400 g frische Babyerbsen
150 g Pancetta
3 Knoblauchzehen
Saft und Schale von 2 Zitronen
1 Handvoll frische Minze
frisch geriebener Parmesan
Salz und Pfeffer

Zubereitung
Die Pancetta in kleine Würfel schneiden, die Knoblauchzehen schälen und fein hacken. Die Zitronenschale fein schneiden.
Die Orecchiette nach Anweisung in reichlich Salzwasser bissfest kochen. Für die letzten 2 Minuten der Kochzeit die Erbsen dazugeben und danach abgießen.
In der Zwischenzeit die Pancetta knusprig anbraten. Den Knoblauch sowie die Zitronenschale dazugeben und so lange braten, bis der Knoblauch goldgelb ist. Die Pasta dazugeben und den Zitronensaft darübergießen.

Zu guter Letzt
Mit Salz und Pfeffer abschmecken und die Minze daruntermischen.
Mit Parmesan bestreut servieren.

Tipp
Die Erbsen können auch tiefgekühlt sein.

■ Italienisch / Schüsselchen

Osso Bucco

Für 8 Personen

Zutaten

1,2 kg Kalbfleisch
(aus der Schulter)
3 EL Olivenöl
2 EL Butter
1 Dose gehackte Tomaten
20 Schalotten
3 Karotten
20 schwarze Oliven

1 Stange Lauch
6 Knoblauchzehen
8 Sardellenfilets
6 frische Thymianzweige
3 frische Rosmarinzweige
125 ml Weißwein
Salz und Pfeffer

Zubereitung

Den Backofen auf 120°C vorheizen.
Zunächst das Gemüse vorbereiten. Die Schalotten kurz in kochendem Wasser blanchieren und danach schälen. Die Karotten in dünne Scheiben, den Lauch in Ringe, die geschälten Knoblauchzehen und die Sardellenfilets klein schneiden.
Das Fleisch in mundgerechte Stücke schneiden und in einem großen Bräter in 2 EL Olivenöl sowie der Butter portionsweise rundherum anbraten. Das Fleisch herausnehmen, etwas frisches Öl hinzufügen und darin das Gemüse anbraten.
Mit einem Holzlöffel den Bratensatz vom Boden abkratzen.
Die Thymian- und Rosmarinzweige, die Sardellenfiletstücke sowie die Oliven dazugeben und mit dem Weißwein aufgießen. Das Fleisch zum Gemüse mischen und salzen. Einmal aufkochen lassen. Anschließend zudecken und im Backofen 2 Stunden schmoren lassen.

Zu guter Letzt

Die Zweige entfernen, den Saft abgießen und diesen eventuell einkochen. Abschließend mit Salz und Pfeffer abschmecken und servieren.

Tipp

Schmeckt am besten mit Polenta oder einem knusprigen Baguette.

Italienisch / Schüsselchen

Parmesandunstkoch mit Tomatensauce

Für 8 Personen

ZUTATEN
150 g Butter
6 Eier
400 g Sauerrahm (saure Sahne)
Salz und Pfeffer
180 g Mehl
100 g geriebener Parmesan
etwas Butter
etwas Mehl

FÜR DIE TOMATENSAUCE
1 mittelgroße Zwiebel
2 Knoblauchzehen
4 EL Olivenöl
1 TL Zucker
2 Lorbeerblätter
2 Dosen gehackte Tomaten
Salz und Pfeffer

ZUBEREITUNG
Den Backofen auf 180°C vorheizen.
Die Butter flaumig rühren, dann die Eigelbe, den geriebenen Parmesan, das Mehl, den Sauerrahm und etwas Salz beimengen. Die Eiweiße steif schlagen und vorsichtig unterziehen. 8 kleine Puddingformen mit etwas Butter ausfetten, mit etwas Mehl ausstreuen und die Masse einfüllen. In eine Auflaufform stellen, bis zur halben Höhe mit kochendem Wasser auffüllen und 25 Minuten im Backofen garen.

In der Zwischenzeit die TOMATENSAUCE zubereiten. Dazu die Zwiebel und die Knoblauchzehen schälen und klein schneiden.
Das Öl in einen Topf geben, erhitzen und darin die Zwiebel und den Knoblauch glasig werden lassen. Den Zucker dazugeben und karamellisieren. Danach die Tomaten sowie die Lorbeerblätter beifügen und bei kleiner Hitze mindestens eine halbe Stunde köcheln lassen. Anschließend die Lorbeerblätter entfernen, salzen und pfeffern.

ZU GUTER LETZT
Mit einer Gabel prüfen, ob das Parmesandunstkoch überall durch ist, danach stürzen und mit der Tomatensauce servieren.

Italienisch / Schüsselchen

Penne mit gerösteter Tomaten-Paprikasauce

Für 8 Personen

ZUTATEN
1,5 kg reife Tomaten
2 rote Paprika
4 Knoblauchzehen
8 EL Crème fraîche
5 EL Olivenöl
800 g Penne
frisch geriebener Parmesan (nach Belieben)
1 Handvoll frisches Basilikum

ZUBEREITUNG
Den Backofen auf 180°C vorheizen.
Die Tomaten vierteln, die Paprika entkernen, beides in große Stücke schneiden und in eine Auflaufform geben. Die Knoblauchzehen schälen, klein schneiden und dazugeben. Das Olivenöl darüber träufeln, mit grobem Salz und Pfeffer würzen. Anschließend 30 Minuten im Backofen rösten, zwischendurch ab und zu umrühren. In der Zwischenzeit die Nudeln in reichlich Salzwasser bissfest kochen.

ZU GUTER LETZT
Die Crème fraîche unter das Gemüse rühren, nochmals kurz im Backofen nachrösten lassen und danach unter die heißen Nudeln mischen. Mit frisch geriebenem Parmesan und Basilikum servieren.

■ Italienisch / Schüsselchen

„Risotto" mit gerösteten Paprika und Garnelen

Für 8 Personen

Zutaten
400 g Risoni
6 rote Paprika
400 g Garnelen (ohne Schale)
4 Knoblauchzehen
2 EL Olivenöl
200 ml Sahne
Salz und Pfeffer
frisches Basilikum

Zubereitung
Den Backofen auf 250°C Grill-Stufe vorheizen.
Die Paprika halbieren, entkernen, auf ein Backblech legen und unter dem Grill die Haut schwarz werden lassen. Die Paprika herausnehmen, sofort in eine Schüssel geben und mit Klarsichtfolie fest zudecken. Auskühlen lassen. Danach die Haut mit den Fingern abziehen und die Paprika dünn schneiden.
Die Knoblauchzehen schälen, klein schneiden und im Olivenöl anbraten. Die Garnelen dazugeben und so lange mitbraten, bis sie rosa sind.

Zu guter Letzt
Die Risoni nach Anleitung in reichlich Salzwasser bissfest kochen. Mit den Garnelen und den Paprika vermischen, die Sahne dazugeben und würzen. Mit frischem Basilikum bestreut servieren.

Tipp
Risoni ist eine Pastasorte, die vom Aussehen her großen Reiskörnern gleicht. Man findet sie in italienischen Delikatessenläden.

Italienisch / Gläser

AMARETTOMOUSSE

Für 8 Personen

ZUTATEN
200 g dunkle Schokolade
4 Eier
1 gehäufter TL Kaffeepulver
50 g Butter (in kleine Würfel geschnitten)
150 g weiche Amaretti
2 EL Rum
1 EL Kakaopulver
2 EL Zucker
Sahne

ZUBEREITUNG
Die Schokolade im Wasserbad schmelzen, dann die Butter dazugeben und umrühren. Das Kaffeepulver und das Kakaopulver beimengen und die Eigelbe einrühren.
Die Eiweiße steif schlagen und den Zucker mit einer Spachtel unterziehen.
Die Amaretti zerbröseln, 2/3 davon mit dem Rum tränken und vorsichtig in die Schokolade rühren. Dann den Eischnee unterziehen.
In individuelle Gläser füllen und kühl stellen.

ZU GUTER LETZT
Mit ein wenig flüssiger Sahne und den restlichen Amarettibröseln servieren.

Italienisch / Gläser

Cappuccinocrème

Für 8 Personen

Zutaten
500 g Mascarpone
250 g Magerjoghurt
4 EL Staubzucker
1 Pkg. Vanillezucker
2 EL Instantkaffee
200 ml Sahne
8 Kaffeebohnen

Zubereitung
Den Mascarpone mit dem Joghurt, dem Staubzucker und dem Vanillezucker gut verrühren. Den Instantkaffee in ein wenig Wasser auflösen und untermischen. Dann die geschlagene Sahne unterziehen und kalt stellen.

Zu guter Letzt
Mit den Kaffeebohnen garnieren und servieren.

Italienisch / Gläser

Frischer Fruchtsalat mit Minze

Für 8 Personen

ZUTATEN
3 Zucker- oder Honigmelonen
750 g Heidelbeeren
3 Granatäpfel
Saft von 2 Zitronen
100 g Staubzucker
4 EL Rum
frische Minze

ZUBEREITUNG
Die Melonen halbieren, entkernen und mit einem Melonenausstecher Kugeln ausheben. Diese mit den Heidelbeeren vermischen.
Die Granatäpfel halbieren und mit einem Kochlöffel so lange auf die Schale klopfen, bis die Kerne von alleine herausfallen.
Diese anschließend dazugeben.
Die Zitrone mit dem Zucker und dem Rum vermischen und so lange verrühren, bis der Zucker völlig aufgelöst ist. Über das Obst gießen und für mindestens 2 Stunden ziehen lassen.

ZU GUTER LETZT
Den Fruchtsalat mit frischer Minze bestreut servieren.

■ Italienisch / Gläser

Himbeermousse

Für 8 Personen

Zutaten
300 g gefrorene Himbeeren
100 g Puderzucker
2 Eiweiß
400 ml Sahne
8 kleine Minzeblätter

Zubereitung
Die Himbeeren 10 Minuten antauen lassen und anschließend 8 davon für die Garnitur zur Seite stellen.
In einem großen Topf die restlichen Himbeeren, die Eiweiße und den Puderzucker auf höchster Stufe so lange schlagen, bis eine dicke, hellrosa Crème entsteht. Dies dauert in etwa 10 Minuten.
Danach die Sahne steif schlagen und untermischen.

Zu guter Letzt
Die Mousse in Gläser füllen und kalt stellen. Mit einer Himbeere und einem Minzeblatt garniert servieren.

Tipp   Unbedingt gefrorene Himbeeren verwenden!

■ Italienisch / Gläser

Karamellmousse

Für 8 Personen

Zutaten
200 g brauner Zucker
500 ml Sahne
50 g Butter
4 trockene Butterkekse

Zubereitung
Den Zucker mit 2 EL Wasser in einen Topf geben und langsam auflösen. Bei kleiner Hitze und ohne umzurühren zu goldbraunem Karamell werden lassen.
150 ml Sahne dazugießen, aber vorsichtig, denn das spritzt.
Dann die Butter in kleine Stücke schneiden, salzen und einrühren.
Die restliche Sahne steif schlagen und vorsichtig in die Karamellcrème rühren.

Zu guter Letzt
Die Butterkekse fein zerbröseln. Die Mousse in Gläser füllen und mit den Keksbröseln bestreuen.

Tipp
Mit Hohlhippen servieren.

Mediterran

Mediterran / Fingerfood

Französische Garnelensuppe

Für 8 Personen

Zutaten

500 g Garnelen (mit Schale)
30 g Butter
2 EL Sonnenblumenöl
2 EL Brandy
2 kleine Zwiebeln
6 Knoblauchzehen
4 EL Tomatenmark
250 ml Weißwein
2 Dosen gehackte Tomaten

1 l Fischsuppe
2 Karotten
2 Stangen Lauch
2 Kartoffeln
1 Fenchel
250 ml Sahne
Salz
Cayennepfeffer
Croutons

Für die Croutons

1 Baguette
Rouille
geriebener Gruyère
(Schweizer Hartkäse)

Für die Rouille

3 EL Mayonnaise
1 Prise Cayennepfeffer
Tabasco (nach Belieben)
1 TL Paprikapulver

Zubereitung

Für die *Rouille* alle Zutaten miteinander vermischen und abschmecken.

Die Butter und das Öl in einem Topf erhitzen und die Garnelen darin scharf anbraten. Die klein geschnittenen Zwiebeln und Knoblauchzehen dazugeben und mitbraten. Das Tomatenmark beimengen und mit dem Weißwein ablöschen. Danach so lange kochen, bis sich die Flüssigkeit auf die Hälfte reduziert hat. Das Gemüse waschen, schälen, klein schneiden und zusammen mit den gehackten Tomaten und der Suppe dazugeben. 20 Minuten köcheln lassen, dann pürieren. Durch ein Sieb gießen und in einen sauberen Topf geben. Mit der Sahne aufgießen und mit Salz und Cayennepfeffer abschmecken.

Zu guter Letzt

Die *Croutons* zubereiten. Dafür das Baguette in Scheiben schneiden, diese toasten und mit etwas Rouille sowie Gruyère garnieren. Die Garnelensuppe in Espressotassen gießen und mit den Croutons servieren.

■ MEDITERRAN / FINGERFOOD

Gazpacho im Sherryglas

Für 8 Personen

ZUTATEN
100 g altes Weißbrot
300 ml Wasser
700 g reife Rispentomaten
1 großer roter Paprika
1 großer grüner Paprika
1 mittelgroße weiße Zwiebel
1 Knoblauchzehe
6 EL Olivenöl
4 EL Sherryessig
1 TL Kreuzkümmel
100 g Salatgurke
1 TL Zucker
Salz und Pfeffer

ZUBEREITUNG
Das Weißbrot im Wasser einweichen. Die Gurke sowie die Zwiebel schälen und in grobe Stücke schneiden. Die Paprika waschen und ebenfalls grob schneiden.
Die Zwiebel-, Gurken- und Paprikastücke mit den Tomaten, dem eingeweichten Brot und der geschälten Knoblauchzehe vermischen und mit einem Pürierstab pürieren. Mit dem Olivenöl, dem Essig und den Gewürzen abschmecken.
Danach im Kühlschrank für mindestens 24 Stunden ziehen lassen.

ZU GUTER LETZT
Durch ein Sieb gießen, um etwaige Stücke zu entfernen, und nochmals abschmecken. Anschließend in Sherrygläser füllen und servieren.

TIPP
Anstatt der Rispentomaten eignen sich auch hervorragend 2 Dosen gehackte Tomaten.

■ Mediterran / Fingerfood

Jakobsmuscheln im Speckmantel mit Zitronendip

Ergibt 20 Stück

Zutaten
20 Jakobsmuscheln (ohne Roggen)
10 Scheiben Pancetta oder Hamburgerspeck
20 Rosmarinzweige
Salz und Pfeffer

Für den Zitronendip
Olivenöl
1 Ei
1 EL Estragon-Senf
Saft von 1 Zitrone
1 Spritzer Worcestersauce
Salz und Pfeffer
200 ml Sonnenblumenöl
2 EL Sauerrahm (saure Sahne)

Zubereitung
Die Jakobsmuscheln salzen, pfeffern und mit je einer halben Scheibe Pancetta umwickeln. Sollte der Speck nicht gut haften, diesen notfalls mit einem Zahnstocher befestigen.

Für den *Dip* das Ei mit dem Senf, dem Zitronensaft, der Worcestersauce, Salz und Pfeffer in ein hohes Gefäß mit kleinem Durchmesser geben und mit dem Pürierstab vermischen. Danach langsam das Sonnenblumenöl dazugeben und so lange verrühren, bis eine dicke Mayonnaise entsteht. Dieser Vorgang sollte etwa 2 Minuten dauern.

Zu guter Letzt
Die Jakobsmuscheln im Olivenöl braten, herausnehmen und auf die Rosmarinzweige schieben. Den Zitronendip mit dem Sauerrahm abschmecken und mit den Rosmarinspießen servieren.

TIPP
Die Jakobsmuscheln bereits am Vortag mit dem Speck umwickeln. Das hat den Vorteil, dass der Speck gut haften bleibt.

■ Mediterran / Fingerfood

Kalte Gurkensuppe mit Dill und Buttermilch

Ergibt 20 kleine Gläser

Zutaten
3 Gurken
2 Knoblauchzehen
300 ml Naturjoghurt
500 ml Buttermilch
Salz und Pfeffer
Dill

Zubereitung
Die Gurken schälen, der Länge nach durchschneiden und mit einem kleinen Löffel die Kerne herauskratzen. Anschließend die Gurken grob schneiden und in einer Küchenmaschine mit Schneideaufsatz pürieren. Dann die Knoblauchzehen, das Joghurt und die Buttermilch dazugeben und nochmals fein pürieren. Mit Salz und Pfeffer abschmecken.
Mindestens 4 Stunden kalt stellen.

Zu guter Letzt
In kleine Gläser füllen und mit Dill garnieren.

MEDITERRAN / FINGERFOOD

Knusprige Tütchen mit Chorizo, Kalmar und Aioli

Ergibt 20 Stück

ZUTATEN
20 knusprige Tütchen
70 g Chorizo (spanische Paprikawurst)
2 Kalmare
etwas Olivenöl
20 Blätter Babyspinat

FÜR DAS AIOLI
1 Ei
1 Spritzer Essig
½ TL Estragon-Senf
125 ml Olivenöl

ZUBEREITUNG
Für das *AIOLI* das Ei, den Essig und den Senf mit dem Pürierstab vermischen. Danach langsam das Olivenöl dazugeben und so lange verrühren, bis eine Mayonnaise entsteht.
Die geputzten Kalmare und die Paprikawurst in kleine Stücke schneiden. Anschließend die Kalmarstücke in ein wenig Olivenöl kurz anbraten und herausnehmen. Danach die Wurststücke so lange braten, bis sie knusprig sind.

ZU GUTER LETZT
In jedes Tütchen zuerst ein Blatt Spinat, dann die Chorizo- und Kalmarstückchen hineingeben und diese mit ein wenig Aioli garnieren.

TIPP

Die Tütchen können bestellt werden bei www.raps-goo.at.

■ Mediterran / Fingerfood

Mini-Quiche Lorraine

Ergibt 20 Stück

Zutaten
20 Mürbteigschüsselchen
50 g Speck
1 Eigelb
100 ml Crème fraîche
Salz und Pfeffer
gemahlene Muskatnuss
geriebener Emmentaler

Zubereitung
Den Backofen auf 180°C vorheizen. Den Speck ganz klein schneiden, in einer Pfanne knusprig anbraten und in die Mürbteigschüsselchen füllen. Die Crème fraîche mit dem Eigelb verrühren und mit der Muskatnuss sowie Salz und Pfeffer abschmecken. Mit einem Löffel in die Schüsselchen füllen und mit dem Emmentaler bestreuen.

Zu guter Letzt
Die Schüsselchen im Backofen so lange backen, bis sie goldbraun und knusprig sind. Dies dauert in etwa 8 Minuten.

Mürbteigschüsselchen

Zutaten
200 g Mehl
1 Eigelb
100 g kalte Butter
2–3 EL Wasser
1 Prise Salz

Zubereitung
Die Butter in Würfel schneiden, mit dem Mehl und dem Salz in eine Küchenmaschine mit Schneideaufsatz geben und so lange mischen, bis feine Brösel entstehen. Das Eigelb und löffelweise das Wasser dazugeben. Die Masse aus der Maschine nehmen und einmal gut durchkneten. Den Teig mit einem Nudelholz ausrollen und mit einem runden Keksausstecher (Durchmesser: 4 cm) Kreise ausstechen. In eine Minimuffinform legen und 30 Minuten kalt stellen.

Zu guter Letzt
Im vorgeheizten Backofen bei 180°C 10 Minuten backen.

Tipp
Bei sofortigem Gebrauch der Mürbteigschüsselchen müssen diese nicht ganz durchgebacken sein. Ansonsten eventuell noch ein paar Minuten weiterbacken. Die Mürbteigschüsselchen können ohne Weiteres in einer Blechdose 1–2 Wochen aufbewahrt werden.

■ Mediterran / Fingerfood

Strudelteigpäckchen mit Kartoffel-Minze-Füllung

Ergibt 20 Stück

Zutaten
200 g Kartoffeln
125 g Feta
2 EL gehackte Minze
1 Packung Strudelteig
3 EL Olivenöl
Salz und Pfeffer

Zubereitung
Den Backofen auf 200°C vorheizen.
Die Kartoffeln kochen, schälen und durch eine Kartoffelpresse drücken. Mit dem zerbröselten Feta sowie der Minze vermischen und mit Salz und Pfeffer würzen. Auskühlen lassen. Den Strudelteig in Streifen schneiden, ungefähr 5–6 cm breit und 20 cm lang.
An das obere Ende des Strudelteigstreifens einen Löffel der Kartoffelmischung geben, danach das rechte Eck über die Füllung nach links klappen, sodass ein Dreieck entsteht. Dieses wiederum nach rechts klappen und so bis zum unteren Rand des Strudelteigstreifens fortfahren.

Zu guter Letzt
Die Päckchen mit Olivenöl bestreichen und so lange backen, bis sie goldbraun und knusprig sind. Dies dauert circa 15 Minuten.

Tipp
Die Päckchen schmecken hervorragend mit einem Tomatenchutney.

MEDITERRAN / FINGERFOOD

TOMATEN-MASCARPONE-TÖRTCHEN

Ergibt 50 Stück

ZUTATEN
50 Mürbteigschüsselchen
250 g Mascarpone
4 EL Tomatenpesto
300 g geriebener Parmesan
2 Eigelb
500 g Kirschtomaten
frischer Thymian

FÜR DAS TOMATENPESTO
150 g getrocknete Tomaten
100 g geröstete Pinienkerne
100 g geriebener Parmesan
1 Knoblauchzehe
80 ml Olivenöl
Salz und Pfeffer

ZUBEREITUNG
Den Backofen auf 180°C vorheizen.
Die Mascarpone mit dem Pesto, dem Parmesan und den Eigelben vermischen. Ein wenig von der Mascarpone-Pesto-Crème in die Schüsselchen füllen und 8 Minuten backen.

Für das *TOMATENPESTO* alle Zutaten mit einem Pürierstab zu einer dicken Paste pürieren. Diese in Gläser füllen und mit einer dicken Schicht Olivenöl bedecken.

ZU GUTER LETZT
Die Kirschtomaten in Scheiben schneiden, jedes Törtchen mit einer Kirschtomatenscheibe garnieren sowie mit Thymian bestreuen und nochmals kurz in den Backofen geben.

MÜRBTEIG-SCHÜSSELCHEN

ZUTATEN
200 g Mehl
1 Eigelb
100 g kalte Butter
2–3 EL Wasser
1 Prise Salz

ZUBEREITUNG
Die Butter in Würfel schneiden, mit dem Mehl und dem Salz in eine Küchenmaschine mit Schneideaufsatz geben und so lange mischen, bis feine Brösel entstehen. Das Eigelb und löffelweise das Wasser dazugeben. Die Masse aus der Maschine nehmen und einmal gut durchkneten. Den Teig mit einem Nudelholz ausrollen und mit einem runden Keksausstecher (Durchmesser: 4 cm) Kreise ausstechen. In eine Minimuffinform legen und 30 Minuten kalt stellen. Im vorgeheizten Backofen bei 180°C 10 Minuten backen.

TIPP
Das Tomatenpesto lässt sich auch wunderbar im Glas einfrieren!
Die Törtchen kann man bereits im Vorhinein fast fertig backen. Dann müssen sie vor dem Servieren nur mehr für 3 Minuten in den Backofen.

■ Mediterran / Fingerfood

Überbackene Zucchinischeiben mit Feta

Ergibt 20 Stück

Zutaten
3 dünne Zucchini
100 g Feta
1 EL gehackte Kapern
1 TL getrockneter Thymian
1 TL frische Minze
2 EL Olivenöl

Zubereitung
Den Backofen auf 180°C vorheizen.
Die Zucchini in 1 cm dicke Scheiben schneiden und diese mit dem Melonenlöffel auf einer Seite aushöhlen, sodass eine Mulde entsteht. Den Feta zerbröseln und mit dem Thymian, der gehackten Minze und den Kapern vermischen. Das Olivenöl beimengen.

Zu guter Letzt
Auf jede Scheibe ein wenig von der Fetamischung geben und im Backofen circa 8 Minuten goldgelb backen. Mit ein wenig Minze oder einer Kaper garnieren und warm servieren.

Tipp

Die Zucchinischeiben und die Füllung können bereits am Vortag vorbereitet werden. Sie müssen dann nur noch kurz vor dem Servieren gefüllt und gebacken werden.

MEDITERRAN / SCHÜSSELCHEN

Garnelenragout mit Safran und Kartoffeln

Für 8 Personen

ZUTATEN

800 g Garnelen (ohne Haut)
1 Zwiebel
2 Knoblauchzehen
1 EL Butter
2 EL Krebsbutter
Salz
Cayennepfeffer
1 EL Tomatenmark
1 Lorbeerblatt

500 ml Fischfond
400 ml Sahne
2 EL Anisschnaps
1 TL Zitronensaft
1 Prise Safran
2 l Gemüsefond
1,2 kg festkochende Kartoffeln
1 Bund Schnittlauch

ZUBEREITUNG

Die Butter und die Krebsbutter in eine Pfanne geben, schmelzen lassen und die Garnelen darin braten. Anschließend herausnehmen. Die Zwiebel und die Knoblauchzehen schälen, fein schneiden und in der Butter glasig braten. Das Lorbeerblatt dazugeben und mit dem Fischfond aufgießen. Danach das Tomatenmark beimengen und so lange kochen lassen, bis sich die Flüssigkeit auf die Hälfte reduziert hat. Mit Anisschnaps und Sahne aufgießen und cremig einkochen lassen.
In der Zwischenzeit die Kartoffeln schälen, vierteln und in reichlich Wasser mit dem Gemüsefond sowie dem Safran bissfest kochen.

ZU GUTER LETZT

Die Kartoffeln und die Garnelen in die Sauce geben, erwärmen und mit klein geschnittenem Schnittlauch bestreut servieren.

■ MEDITERRAN / SCHÜSSELCHEN

Huhn in cremiger Sauce mit Essig und Gemüse

Für 8 Personen

ZUTATEN
1,5 kg Hühneroberkeulen (ohne Haut und Knochen)
5 Karotten
2 Bund Frühlingszwiebeln
1 Knoblauchzehe
1 Dose gehackte Tomaten
375 ml Sahne
125 ml Weißwein
125 ml Weißweinessig
2 EL Butter
2 EL Öl
Salz und Pfeffer

ZUBEREITUNG
Den Backofen auf 180 °C vorheizen.
Das Fleisch in mundgerechte Stücke schneiden. Die Butter und das Öl in die Pfanne geben und darin die Hühnerfleischstücke scharf anbraten. Anschließend zur Seite stellen. Den Bratensatz mit Essig und Wein ablöschen und kurz einkochen lassen. Die Fleischstücke wieder in den Topf geben und mit Salz und Pfeffer abschmecken.
Die Frühlingszwiebeln halbieren und in 3 cm lange Stücke schneiden. Die Karotten in streichholzlange Stifte schneiden und zusammen mit der klein gehackten Knoblauchzehe zu den Hühnerfleischstücken geben. Zudecken und 20 Minuten im Ofen schmoren. Die Tomatenstücke in einem Sieb abtropfen lassen und mit der Sahne dazugeben. Danach weitere 10 Minuten offen fertig braten.

ZU GUTER LETZT
Abschmecken und servieren.

TIPP
Schmeckt am besten mit Nudeln.

■ Mediterran / Schüsselchen

Huhn mit Chorizo und Brandy

Für 8 Personen

ZUTATEN
1,5 kg Hühneroberkeulen (ohne Haut und Knochen)
2 EL Olivenöl
2 EL Butter
200 g Chorizo (spanische Paprikawurst)
2 kleine Zwiebeln
2 Knoblauchzehen
2 EL geräucherter Paprika
60 ml Brandy
Salz und Pfeffer
1 TL Thymian
250 ml Hühnersuppe
frische Petersilie

ZUBEREITUNG
Die Hühneroberkeulen, die Zwiebeln, die Knoblauchzehen und die Paprikawurst in kleine Würfel schneiden. Die Butter und das Öl in eine Pfanne geben, darin das Fleisch anbraten und dieses anschließend zur Seite stellen. Den größten Teil des Fettes entfernen und im Rest die Zwiebel- und die Knoblauchstücke anbraten. Die Paprikawurst dazugeben und mit dem Paprika sowie dem Thymian bestreuen. Mit dem Brandy ablöschen und den Bratensatz abkratzen. Danach mit der Suppe aufgießen. Die Hühnerfleischstücke wieder in die Sauce legen und im zugedeckten Topf circa 30 Minuten schmoren lassen. Nach Ende der Schmorzeit die Hühnerfleischstücke wieder aus der Sauce nehmen und warm stellen.

ZU GUTER LETZT
Die Sauce auf die Hälfte einkochen lassen und dann mit Salz und Pfeffer abschmecken. Über das Fleisch gießen und mit der frischen Petersilie bestreut servieren.

TIPP
Schmeckt am besten mit Reis.

MEDITERRAN / SCHÜSSELCHEN

Huhn mit Champignons in cremiger Muskatweinsauce

Für 8 Personen

ZUTATEN
1,5 kg Hühneroberkeulen (ohne Haut und Knochen)
500 g Schalotten
2 EL Öl
2 EL Butter
500 g kleine Champignons
300 ml Muskatwein
250 g Crème fraîche
frische Petersilie
Salz und Pfeffer

ZUBEREITUNG
Um die Schalotten leichter schälen zu können, diese am besten für 2 Minuten in kochendem Wasser blanchieren und anschließend ein wenig auskühlen lassen. Die Schale ist dann ganz einfach zu entfernen. Die Hühneroberkeulen in kleine Würfel schneiden und diese in der Öl-Buttermischung portionsweise anbraten. Danach zur Seite stellen. Nach der Reihe zuerst die Schalotten und dann die Champignons ebenfalls anbraten. Mit dem Wein ablöschen und die Hühnerfleischstücke wieder in den Topf geben. Zugedeckt auf kleiner Flamme circa 40 Minuten sanft schmoren lassen.
Die Hühnerfleischstücke und das Gemüse in eine Auflaufform geben. Die Crème fraîche mit der restlichen Flüssigkeit im Topf vermengen und gut verrühren. Eventuell etwas einkochen. Mit Salz und Pfeffer abschmecken.

ZU GUTER LETZT
Den Backofen auf 250°C Grill-Stufe stellen.
Die Sauce über die Hühnerfleischstücke gießen und diese goldbraun grillen. Abschließend mit Petersilie bestreuen und servieren.

TIPP
Schmeckt am besten mit Bulgur.

MEDITERRAN / SCHÜSSELCHEN

Lammschulter mit Paprika und Oliven

Für 8 Personen

Zutaten
1 Lammschulter (ohne Knochen)
2 EL Olivenöl
2 rote Zwiebeln
½ TL getrocknete Chiliflocken
1 TL Fenchelsamen
1 EL Majoran
4 Knoblauchzehen
3 rote Paprika
1 EL Paprikapulver
500 g Tomaten
400 ml Weißwein
1 Handvoll getrocknete schwarze Oliven
frische Petersilie

Zubereitung
Den Backofen auf 200°C vorheizen.
Von der Lammschulter das Fett entfernen und das Fleisch in mundgerechte Stücke schneiden. Die Knoblauchzehen in kleine und die Tomaten in große Stücke schneiden, die Zwiebeln und die Paprika halbieren und in Streifen schneiden. Die Fenchelsamen im Backofen erwärmen und dann in einem Mörser zerstoßen.
Das Fleisch im Olivenöl scharf anbraten, herausnehmen und zur Seite stellen. Die Zwiebelstreifen mit den Chiliflocken, dem Fenchel und dem Majoran in die Pfanne geben und bei mittlerer Hitze 10 Minuten braten. Die Paprika, den Knoblauch und das Paprikapulver dazugeben und 5 Minuten weiterbraten. Die Tomaten beifügen und aufkochen lassen. Den Wein dazugießen, das Fleisch zum Gemüse geben und den Topf zudecken. Im Backrohr circa 1,5 Stunden schmoren lassen.

Zu guter Letzt
Die Oliven dazugeben und mit Salz und Pfeffer abschmecken.
Mit der frischen Petersilie bestreuen und servieren.

TIPP
Dazu schmecken am besten knuspriges Brot oder Couscous.

■ Mediterran / Schüsselchen

Lammtajine mit Aprikosen und Pinienkernen

Für 8 Personen

Zutaten
1,5 kg Lammschulter
1 Zwiebel
2 Knoblauchzehen
2 Dosen gehackte Tomaten
300 g getrocknete Aprikosen
2 EL Ras el Hanout (marokkanische Gewürzmischung)
125 ml Rotwein
2 EL Olivenöl
1 EL Butter
100 g geröstete Pinienkerne
frische Petersilie oder Koriander (nach Belieben)

Zubereitung
Die Lammschulter in Würfel schneiden und in der Öl-Buttermischung portionsweise anbraten. Herausnehmen und zur Seite stellen.
Die Zwiebel und die Knoblauchzehen schälen, klein schneiden und ebenfalls anbraten. Mit dem Rotwein ablöschen. Das Fleisch wieder in den Topf geben, mit Ras el Hanout bestreuen und salzen.
Die gehackten Tomaten dazugeben und aufkochen lassen.
Danach 1 Stunde bei kleiner Hitze langsam schmoren lassen.
Die Aprikosen beifügen und weitere 20 Minuten schmoren.

Zu guter Letzt
Mit Salz und Pfeffer abschmecken. Die Pinienkerne darüber streuen und mit frischer Petersilie oder Koriander servieren.

TIPP
Schmeckt am besten mit Couscous.
Ras el Hanout ist eine Mischung aus Koriander, Ingwer, Paprikapulver, Kardamom, Muskatnuss, Nelken, Rosenblüten und Kurkuma.

■ Mediterran / Schüsselchen

Persischer Reis

Für 8 Personen

Zutaten
400 g Langkornreis
600 g Hühneroberkeulen (ohne Haut und Knochen)
4 EL Olivenöl
1 Zwiebel
100 g Pinienkerne
100 g getrocknete Preiselbeeren
1 Zimtstange
1 Bund frischer Koriander
Salz und Pfeffer
ca. 800 ml Hühnersuppe
1 Prise Safran

Zubereitung
Die Hühnersuppe erhitzen und den Safran dazugeben.
Das Fleisch in mundgerechte Stücke schneiden. Die Zwiebel schälen und klein schneiden. Das Öl in einer Pfanne erhitzen und die Zwiebel darin anbraten. Die Pinienkerne dazugeben und so lange braten, bis die Zwiebelstücke glasig sind. Die Hühnerfleischstücke mit der Zimtstange, den Preiselbeeren und dem Reis dazugeben. Mit der Hühnersuppe aufgießen und 15 Minuten zugedeckt kochen.

Zu guter Letzt
Die Zimtstange entfernen, mit Salz und Pfeffer abschmecken und mit dem klein geschnittenen Koriander bestreuen.

■ MEDITERRAN / SCHÜSSELCHEN

RINDFLEISCHTAJINE MIT PFLAUMEN UND MANDELN

Für 8 Personen

ZUTATEN
1,6 kg Rindfleisch
3 große rote Zwiebeln
60 ml Olivenöl
1 TL schwarzer Pfeffer
1 Prise Safranfäden
1 TL Zimt
2 cm frischer Ingwer
3 EL Zucker
2 Dosen gehackte Tomaten
100 ml Suppe
100 g Mandelblättchen
250 g getrocknete Pflaumen (ohne Kerne)
2 EL Zitronenschale
frische Petersilie

ZUBEREITUNG
Die Zwiebeln schälen und klein hacken. Den Pfeffer im Mörser grob zerstoßen und mit dem Öl, dem Safran, dem Zimt und dem geriebenen Ingwer vermischen. Das Rindfleisch in Würfel schneiden und darin 1 Stunde marinieren.
Anschließend die Rindfleischstücke in einem Schmortopf anbraten, dann mit den gehackten Tomaten, der Suppe, dem Zucker und den Mandeln vermischen. Aufkochen lassen und 30 Minuten bei kleiner Hitze schmoren lassen. Die Pflaumen und die Zitronenschale dazugeben und weitere 30 Minuten schmoren.

ZU GUTER LETZT
Mit Salz und Pfeffer abschmecken und mit frischer Petersilie servieren.

TIPP
Schmeckt am besten mit Couscous.

■ Mediterran / Schüsselchen

Schweinefilet mit Pflaumen

Für 8 Personen

ZUTATEN
1,2 kg Schweinefilet
200 g getrocknete Pflaumen (ohne Kerne)
100 g Speck
250 ml Weißwein
250 ml Sahne
Salz und Pfeffer
etwas Mehl
2 EL Öl
2 EL Butter

ZUBEREITUNG
Die Pflaumen mindestens 1 Stunde, am besten jedoch über Nacht, im Wein einlegen und erst kurz vor dem Kochen abgießen.
Das Filet in 2 cm dicke Scheiben schneiden, mit etwas Mehl bestäuben und in der Öl-Buttermischung scharf anbraten. Aus der Pfanne nehmen, beiseite stellen und den Speck anbraten. Mit dem Wein von den Pflaumen ablöschen. Den Bratensatz abkratzen, die Sahne dazugeben und so lange kochen, bis sich die Flüssigkeit auf die Hälfte reduziert hat.

ZU GUTER LETZT
Die Filetstücke und die Pflaumen in die Sauce legen und circa 5 Minuten ziehen lassen. Am besten schmecken die Filetstücke, wenn sie noch ein bisschen rosa sind.

TIPP
Dazu schmecken am besten Bandnudeln und Brokkoli.

■ Mediterran / Schüsselchen

Schweinefilet mit Rosmarin und karamellisierten Äpfeln

Für 8 Personen

Zutaten
1,2 kg Schweinefilet
frischer Rosmarin
2 EL Butter
1 EL Öl
2 kleine Zwiebeln
4 kleine Äpfel
3 EL brauner Zucker
300 ml Cidre
3 EL Crème fraîche

Zubereitung
Den Backofen auf 200°C vorheizen.
Das Schweinefilet salzen und pfeffern.
Das Öl und 1 EL Butter in eine Pfanne geben und darin das Schweinefilet scharf anbraten. Die Zwiebeln schälen, in Streifen schneiden, kurz mitbraten und zusammen mit dem Fleisch in eine Auflaufform geben. Mit dem gehackten Rosmarin bestreuen.
Die Äpfel waschen, entkernen, achteln und in der übrigen Butter anbraten. Mit dem Zucker bestreuen, karamellisieren und zum Fleisch geben. Im vorgeheizten Backofen 25 Minuten braten, eventuell etwas länger, wenn das Fleisch sehr dick ist.
Anschließend das Fleisch herausnehmen und warm halten. Den Bratensatz zunächst mit ein wenig Cidre ablöschen und danach abkratzen. Mit dem restlichen Cidre aufgießen und so lange kochen lassen, bis sich die Flüssigkeit auf die Hälfte reduziert hat. Mit Salz und Pfeffer abschmecken und mit der Crème fraîche vermischen.

Zu guter Letzt
Das Fleisch aufschneiden und mit der Sauce sowie den Äpfeln servieren.

Tipp
Dazu schmecken am besten gekochte Babykartoffeln.

■ Mediterran / Schüsselchen

Seafood Stew

Für 8 Personen

Zutaten
800 g gefrorene gemischte Meeresfrüchte
2 EL Olivenöl
2 kleine Zwiebeln
2 Knoblauchzehen
3 EL Anisschnaps
1 TL Chiliflocken
1 Msp. Safran
16 mittelgroße Kartoffeln
250 ml Weißwein
2 Dosen gehackte Tomaten
250 ml Fischsuppe
frische Petersilie

Zubereitung
Die Kartoffeln schälen und vierteln. Das Olivenöl in einem Topf erhitzen und die klein gehackten Zwiebeln sowie die gepressten Knoblauchzehen darin anschwitzen. 10 Minuten dünsten lassen, dann die Chiliflocken, den Safran und die Kartoffeln dazugeben. Gut umrühren.
Den Wein und den Anisschnaps darüber gießen. Die Tomaten, das Salz, den Pfeffer und die Fischsuppe dazugeben und 20 Minuten köcheln lassen (bis die Kartoffeln gekocht sind und die Sauce eingedickt ist).

Zu guter Letzt
Die Meeresfrüchte dazugeben und so lange köcheln, bis alle Zutaten heiß sind. Mit Petersilie bestreuen und servieren.

Tipp
Dazu schmeckt knuspriges Brot.

■ Mediterran / Schüsselchen

Spinatstrudel mit Feta und Tomatensauce

Für 8 Personen

Zutaten
1 kg gefrorener gehackter Spinat
200 g Ricotta
200 g Feta
1 Zwiebel
3 Knoblauchzehen
50 g geröstete Pinienkerne
2 Packungen Strudelblätter
50 g Butter
3 EL Olivenöl
gemahlene Muskatnuss
Salz und Pfeffer

Zubereitung
Den Backofen auf 200°C vorheizen. Den Spinat auftauen lassen und gut ausdrücken. Die Zwiebel und die Knoblauchzehen schälen, klein hacken und im Olivenöl anbraten. Mit dem Ricotta und dem klein geschnittenen Feta unter den Spinat mischen. Die Pinienkerne dazugeben und mit der Muskatnuss, Salz und Pfeffer würzen. Ein Strudelblatt auf ein Geschirrtuch legen und mit flüssiger Butter bestreichen. Ein zweites Blatt darauf legen und ein Viertel der Spinatmasse auf diesem verteilen. Zu einem Strudel einrollen und abermals mit Butter bestreichen. Auf ein Backblech legen und mit den restlichen Strudelblättern ebenso verfahren.

Zu guter Letzt
Die Strudel im Backofen circa 25 Minuten goldbraun backen und mit der Tomatensauce servieren.

Tomatensauce

Zutaten
1 mittelgroße Zwiebel
2 Knoblauchzehen
4 EL Olivenöl
1 TL Zucker
2 Lorbeerblätter
2 Dosen gehackte Tomaten
Salz und Pfeffer

Zubereitung
Das Öl in einen Topf geben und erhitzen. Die Zwiebel und die Knoblauchzehen schälen, klein schneiden und im Öl glasig werden lassen. Den Zucker dazugeben und karamellisieren. Danach die gehackten Tomaten sowie die Lorbeerblätter beifügen und auf kleiner Flamme mindestens eine halbe Stunde köcheln lassen.

Zu guter Letzt
Die Lorbeerblätter entfernen, salzen und pfeffern.

◼ Mediterran / Gläser

Crème Caramel

Für 8 Personen

Zutaten
150 g Feinkristallzucker
80 ml Wasser
160 ml Milch
180 ml Sahne
2 Eier
4 Eigelb
80 g Zucker
1 TL Vanilleextrakt

Zubereitung
Den Backofen auf 150°C vorheizen.
Den Feinkristallzucker zusammen mit dem Wasser in einen Topf geben und bei kleiner Hitze unter ständigem Rühren auflösen. Aufkochen lassen und so lange kochen, bis die Zuckerlösung goldgelb ist. Dies dauert in etwa 10 Minuten. Den Karamell in kleine Schüsselchen füllen und erkalten lassen.
Für die Crème die Milch und die Sahne so lange in einem kleinen Topf erhitzen, bis die Flüssigkeit zu kochen beginnt. Die Eier und die Eigelbe in einer Schüssel mit dem Zucker und dem Vanilleextrakt vermischen. Langsam die heiße Milch-Sahnemischung dazugeben und gut verrühren. In Förmchen füllen und in eine Auflaufform stellen. Bis zur Hälfte mit kochendem Wasser auffüllen und 35–40 Minuten backen, bis die Masse fest ist. Kalt stellen.

Zu guter Letzt
Vor dem Servieren kurz in warmes Wasser tauchen und dann stürzen.

■ Mediterran / Gläser

Karamellisierter Orangensalat

Für 8 Personen

ZUTATEN
10 Orangen
150 g Zucker
1 Zimtstange
50 g getrocknete Preiselbeeren
1 EL Rosenwasser
gehackte Pistazien

ZUBEREITUNG
8 Orangen mitsamt der weißen Haut schälen und in kleine Stücke schneiden. Die anderen 2 Orangen auspressen.
Den Zucker mit 5 EL Wasser in einen Topf geben und bei kleiner Hitze langsam auflösen. Das Zuckerwasser zum Kochen bringen, die Zimtstange dazugeben und so lange kochen, bis die Flüssigkeit goldbraun geworden ist. Vom Herd nehmen und den Orangensaft dazugeben. Aber Vorsicht, es spritzt!
Die Preiselbeeren einstreuen und das Rosenwasser beifügen.
Diese Flüssigkeit über die Orangenstücke gießen und ein wenig ziehen lassen.

ZU GUTER LETZT
Mit den Pistazien bestreuen und servieren.

TIPP
Noch schöner und eleganter sieht es aus, wenn man die Orangen filetiert.

■ MEDITERRAN / GLÄSER

LEMON CURD-MOUSSE MIT JOGHURT

Für 8 Personen

ZUTATEN
2 Eigelb
70 g Zucker
150 g dickes Naturjoghurt
150 g Lemon Curd
125 ml Sahne
Himbeeren und Heidelbeeren
frische Erdbeeren (nach Belieben)

ZUBEREITUNG
Die Eigelbe mit dem Zucker schaumig schlagen. Das Joghurt und den Lemon Curd dazugeben. Die Sahne steif schlagen und unterziehen. Die Mousse in Gläser füllen und kalt stellen.

ZU GUTER LETZT
Vor dem Servieren mit den Beeren garnieren.

LEMON CURD

ZUTATEN
4 unbehandelte Zitronen
4 Eier
120 g Butter
400 g Zucker

ZUBEREITUNG
Die Schale von den Zitronen abreiben und die Zitronen auspressen. Den Zitronensaft zusammen mit dem Zucker, der Butter und der abgeriebenen Zitronenschale in eine feuerfeste Schüssel über einen Topf mit kochendem Wasser geben. Dabei darauf achten, dass der Boden der Schüssel das Wasser nicht berührt. Die Eier leicht versprudeln und auch dazugeben. Über dem Wasserbad die Zutaten so lange schlagen, bis die Zitronencrème eingedickt ist. Dies dauert in etwa 20 Minuten.

ZU GUTER LETZT
Danach in Marmeladengläser füllen und kalt stellen.

TIPP

Um ein Lemon Curd-Parfait zu erhalten, füllt man die Mousse in kleine Schüsseln und stellt diese für mindestens 4 Stunden in das Tiefkühlfach. Circa 30 Minuten vor dem Servieren aus dem Tiefkühlfach nehmen und in den Kühlschrank stellen. Kurz vor dem Servieren in heißes Wasser tauchen, stürzen und mit den Beeren garnieren.

■ Mediterran / Gläser

Marokkanischer Milchreis mit Rosenwasser und Pistazien

Für 8 Personen

Zutaten
300 g Rundkornreis
1,2 l Milch
200 ml Sahne
1 Vanilleschote
1 EL Kardamomkapseln
3 EL Rosenwasser
100 g Rosinen
4 EL gehackte Pistazien
100 g Zucker
2 EL Butter

Zubereitung
Die Kardamomkapseln öffnen, die schwarzen Samen herausnehmen und im Mörser zerstampfen. Die Butter in einem Topf erhitzen und den Reis darin glasig werden lassen.
Mit der Milch aufgießen, den Zucker sowie die Vanilleschote dazugeben und leise köcheln lassen. Die Sahne dazugießen und so lange weiterkochen, bis der Reis weich ist. Die Vanilleschote entfernen und das Rosenwasser sowie den Kardamom unterrühren.

Zu guter Letzt
Mit den Pistazien bestreuen und lauwarm servieren.

MEDITERRAN / GLÄSER

Mojito Crème mit knusprigem Keksboden

Für 8 Personen

ZUTATEN
180 g dünne Mandelkekse
30 g geschmolzene Butter
5 Limetten
120 g brauner Zucker
5 EL weißer Rum
500 g Landfrischkäse
250 g Mascarpone
200 ml Sahne
1 Handvoll Minzeblätter

ZUBEREITUNG
Die Kekse entweder in ein Plastiksackerl (Plastiktüte) geben und mit dem Nudelholz zerdrücken oder mit einem Pürierstab pürieren. Mit der flüssigen Butter vermischen und auf 8 Gläser verteilen. Fest hineindrücken.
Von 4 Limetten die Schale abreiben und diese auspressen. Den Zucker mit 5 EL Wasser aufkochen und so lange warten, bis er sich aufgelöst hat. Anschließend 2 Minuten kochen lassen, ohne dabei umzurühren. Den Limettensaft und die -schale, den Rum und die Minze dazugeben und auskühlen lassen.
Den Landfrischkäse und den Mascarpone in der Küchenmaschine mit Schneideaufsatz vermischen, damit keine Bröckchen mehr vorhanden sind.
Den Limettensirup durch ein Sieb gießen, zu der Mascarponecrème geben und schaumig rühren. In die Gläser füllen und mindestens 1 Stunde kalt stellen.

ZU GUTER LETZT
Kurz vor dem Servieren die Sahne steif schlagen und jedes Glas mit einem Löffel davon garnieren. Die restliche Limette dünn schneiden und mit den Minzeblättern auf die Gläser verteilen.

■ Mediterran / Gläser

Orangencrème mit Cointreau

Für 8 Personen

ZUTATEN
1 Pkg. Vanillepuddingpulver
500 ml frisch gepresster Orangensaft
2 EL Cointreau
250 ml Sahne
2 Eier
1 Orange

ZUBEREITUNG
Den Orangensaft mit dem Vanillepuddingpulver aufkochen und anschließend abkühlen lassen. Danach den Cointreau einrühren und die 2 Eigelbe unterrühren. Die Eiweiße und die Sahne in separaten Schüsseln steif schlagen, zuerst die Sahne, dann den Eischnee unterziehen und in Gläser füllen. Kalt stellen.

ZU GUTER LETZT
Mit einem Stück Orangenfilet garnieren.

■ Mediterran / Gläser

Süsses Safranjoghurt mit Pistazien

Für 8 Personen

Zutaten
1 l fettarmes Naturjoghurt
½ TL Safranfäden
2 TL heiße Milch
6 EL Zucker
6 Kardamomsamen
1 EL Rosenwasser
2 EL Pistazien

Zubereitung
Zuerst das Joghurt eindicken. Dafür eine große Schüssel mit einem grobmaschigen Tuch auslegen, das Joghurt hineinleeren, die Enden des Tuchs verknoten und einen Kochlöffel durchstecken. Über Nacht in den Kühlschrank stellen und abtropfen lassen. Den Safran in die heiße Milch geben und 5 Minuten ziehen lassen. Das eingedickte Joghurt mit dem Zucker, den im Mörser zerdrückten Kardamomsamen, der Safranmilch und dem Rosenwasser verrühren und kalt stellen.

Zu guter Letzt
Die Pistazien grob hacken und über das Safranjoghurt streuen.

■ MEDITERRAN / GLÄSER

WEISSE SCHOKOLADENMOUSSE MIT HIMBEEREN

Für 8 Personen

ZUTATEN
300 ml Sahne
150 ml Milch
450 g weiße Schokolade
6 Eigelb
150 g Himbeeren

ZUBEREITUNG
Die Schokolade grob hacken. Die Milch zusammen mit der Sahne aufkochen lassen und über die gehackte Schokolade gießen. Danach so lange rühren, bis die Schokolade ganz geschmolzen ist. Die Eigelbe dazugeben und bei kleiner Hitze so lange erwärmen, bis die Crème eingedickt ist.

ZU GUTER LETZT
Die Himbeeren in den Gläsern verteilen und die Crème darüber gießen. Mindestens 2 Stunden, aber am besten über Nacht kalt stellen. Vor dem Servieren mit je einer Himbeere garnieren.

Asiatisch

■ Asiatisch / Fingerfood

Teigschüsselchen mit Pekingente und Hoisin-Sauce

Ergibt 20 Stück

Zutaten

20 Teigschüsselchen
1 Entenbein
3 EL Honig
1 EL Sojasauce
2 EL chinesisches Fünf-Gewürze-Pulver

1 EL brauner Zucker
¼ Salatgurke
2 Frühlingszwiebeln
2 EL Hoisin-Sauce

Zubereitung

Den Backofen auf 200 °C vorheizen.
Den Honig, die Sojasauce, das chinesische Fünf-Gewürze-Pulver und den Zucker zu einer Marinade vermischen und mit dieser das Entenbein bestreichen. Nun das Entenbein auf beiden Seiten für jeweils 20 Minuten im Backofen braten, bis es knusprig ist und eine schöne braune Farbe bekommen hat. Danach auskühlen lassen.
In der Zwischenzeit die Salatgurke halbieren, entkernen und in kleine Stücke schneiden. Auch die Frühlingszwiebeln, mitsamt einem Großteil des grünen Endes, in dünne Scheiben schneiden.

Zu guter Letzt

Nachdem die Ente ausgekühlt ist, diese in kleine Stücke schneiden oder mit einer Gabel reißen und in den Teigschüsselchen mit den Gurkenstücken sowie den Frühlingszwiebelringen anrichten.
Zum Schluss die Hoisin-Sauce darüber träufeln.

Grundrezept für knusprige Teigschüsselchen

Zunächst 5 Toastbrotscheiben mit dem Nudelholz ganz dünn ausrollen. Mit einem runden Keksausstecher (Durchmesser: 4 cm) 4-5 Kreise aus jeder Toastbrotscheibe ausstechen und diese vorsichtig in eine Minimuffinform drücken. Im vorgeheizten Backofen bei 180°C für circa 10 Minuten goldgelb backen.

Tipp

Diese Teigschüsselchen können bis zu einer Woche im Voraus gemacht werden, müssen dann allerdings in einer Blechdose gelagert werden. Und wenn es einmal richtig schnell gehen muss, kann man die knusprigen Teigschüsselchen auch fertig bestellen bei HACK Gastro-Service oHG, Am Gierenberg 5, D-56581 Kurtscheid, schmidt.andrea@hack.ag.

■ Asiatisch / Fingerfood

Marinierte Hühnerspiesse mit Erdnussdip

Ergibt 20 Stück

Zutaten

2 Hühnerbrüste
Saft von 1 Limette
1 EL Honig
2 EL Olivenöl
2 fein gehackte, grüne Chilis (ohne Kerne)
Salz und Pfeffer
etwas Öl (zum Braten)
20 Spieße

Zubereitung

Die Hühnerbrüste in 2 cm große Würfel schneiden. Die restlichen Zutaten zu einer Marinade verrühren und die Hühnerstücke mindestens 1 Stunde darin ziehen lassen.

Zu guter Letzt

Die Hühnerstücke aus der Marinade nehmen und abtropfen lassen. In einer Pfanne in etwas Öl 5 Minuten auf jeder Seite anbraten, bis sie durch sind. Aufspießen und warm mit dem Erdnussdip servieren.

Erdnussdip

Zutaten

125 g Erdnussbutter
1 Knoblauchzehe
1 TL frisch geriebener Ingwer
Saft von 1 Zitrone
2 EL Sojasauce
1 EL Honig
Tabasco (nach Belieben)
60 ml Wasser
Salz und Pfeffer

Zubereitung

Alle Zutaten vermischen und mit einem Pürierstab pürieren. Falls notwendig, löffelweise noch etwas Wasser dazugeben.

Zu guter Letzt

Den Erdnussdip in Schüsselchen füllen und kühl stellen.

TIPP Der Erdnussdip kann bis zu 3 Tage im Voraus zubereitet werden.

■ Asiatisch / Fingerfood

Hühnersuppe mit Zitronengras

Ergibt 20 Tassen

Zutaten
ca. 1 kg Hühnerklein (Flügel, Karkassen, Hühnerbeine)
3 Karotten
½ Sellerieknolle
2 Stangen Lauch
1 Zwiebel (mit Schale)
1 Knoblauchzehe
2 Lorbeerblätter
ein paar getrocknete Schwammerl (Pilze)
Salz und Pfeffer
2 Stangen Zitronengras
2 cm frischer Ingwer
½ Chilischote
200 g Tofu
2 Karotten
Frühlingszwiebeln (nach Belieben)

Zubereitung
Das Hühnerklein mit dem Gemüse, den Gewürzen und 3 Liter Wasser aufkochen. Schaum abnehmen und danach circa 1 Stunde bei schwacher Hitze köcheln lassen. Die Suppe durch ein Sieb abgießen und mit Salz und Pfeffer abschmecken. Eventuell über Nacht kalt stellen, dann das Fett abschöpfen und auf 1,5 l einkochen.
Die Zitronengrasstangen, die Chilischote, den Ingwer und die in Scheiben geschnittenen Karotten in die fertige Hühnersuppe geben und 10 Minuten kochen lassen. Danach das Zitronengras, den Chili und den Ingwer entfernen.

Zu guter Letzt
In die Tassen den in Würfel geschnittenen Tofu verteilen, die Suppe darüber gießen und mit den in Ringe geschnittenen Frühlingszwiebeln bestreuen.

Asiatisch / Fingerfood

Knusprige Tütchen mit Thunfischtartar und Sesamöl

Ergibt 20 Stück

Zutaten
20 knusprige Tütchen
150 g frisches Thunfischsteak
½ grüne Chilischote
1 Frühlingszwiebel
1 EL Sesamöl
1 EL Honig
1 EL Sojasauce
Saft von 1 Limette
Salz und Pfeffer

Zubereitung
Das Thunfischsteak in ganz kleine Stücke schneiden. Die Chilischote entkernen und fein hacken. Die Frühlingszwiebel in feine Röllchen schneiden. Die Thunfischstücke mit dem Chili, den Frühlingszwiebelringen und der Marinade aus Honig, Sojasauce, Sesamöl und Limettensaft vermischen. Dann mit Salz und Pfeffer abschmecken.

Zu guter Letzt
Dieses Tartar in die Tütchen füllen und servieren.

Tipp
Vor der Zubereitung das Thunfischsteak für circa 30 Minuten ins Tiefkühlfach legen, dann lässt es sich leichter in ganz kleine Stücke schneiden.
Die Tütchen können bestellt werden bei www.raps-goo.at.

■ Asiatisch / Fingerfood

Lachstartar asiatisch

Für 20 Löffel

Zutaten
200 g Lachsfilet
½ Salatgurke
etwas Salz
2 EL Sojasauce
1 EL Wasabipaste
1 EL Sesamöl
Sesamkörner (nach Belieben)

Zubereitung
Die halbe Salatgurke entkernen, in kleine Würfel schneiden, ein wenig salzen und für 30 Minuten stehen lassen. Danach unbedingt die Flüssigkeit abgießen, da die Masse sonst zu wässrig wird. Den Lachs in kleine Würfel schneiden und mit den Gurkenstücken, der Sojasauce, der Wasabipaste und dem Sesamöl vermischen. Anschließend 30 Minuten ziehen lassen.

Zu guter Letzt
Vor dem Servieren nochmals abschmecken und eventuell etwas nachwürzen. Auf die Porzellanlöffel geben und mit den Sesamkörner bestreuen.

Tipp
Um den Lachs leichter schneiden zu können, legt man ihn für circa 1 Stunde in das Tiefkühlfach.

■ Asiatisch / Fingerfood

Lachswürfel mit Shiitake-Butter

Ergibt ca. 20 Löffel

Zutaten
100 g Butter
100 g Shiitake-Pilze
6 Frühlingszwiebeln
500 g Lachsfilet (ohne Haut)
1 kleiner roter Chili
3 EL trockener Sherry
3 EL Sojasauce
frischer Koriander

Zubereitung
Die Butter in einer Pfanne schmelzen lassen und die klein geschnittenen Pilze darin sanft braten. Die Frühlingszwiebeln in Ringe und das Lachsfilet in Würfel schneiden, mit dem Chili dazugeben und mitbraten. Danach mit dem Sherry sowie der Sojasauce ablöschen und abschmecken.

Zu guter Letzt
Auf die Löffel verteilen und mit der Sauce übergießen. Mit Koriander garnieren und warm servieren.

■ Asiatisch / Fingerfood

Süsssaures Krabbenfleisch auf Gurkenscheiben

Ergibt 20 Stück

Zutaten
1 Salatgurke
200 g weißes Krabbenfleisch
2 EL süßsaure Chilisauce
½ rote Chilischote
Salz und Pfeffer
frischer Koriander

Zubereitung
Die Salatgurke in 1 cm dicke Scheiben schneiden und mit einem runden Keksausstecher (Durchmesser: 4 cm) aus jeder Scheibe einen Kreis ausstechen. Mit einem Melonenlöffel einen Teil der Kerne herausheben. Das Krabbenfleisch abtropfen lassen und mit der Chilisauce vermischen. Die Chilischote entkernen, fein hacken und den Großteil davon mit dem Krabbenfleisch vermischen. Anschließend mit Salz und Pfeffer abschmecken.

Zu guter Letzt
Das Krabbenfleisch auf die Gurkenscheiben geben und mit ein wenig fein gehacktem Chili sowie frischem Koriander garniert servieren.

Asiatisch / Fingerfood

Thunfischwürfel mit Sesamkruste und Gurke

Ergibt 20 Stück

ZUTATEN
½ Salatgurke
400 g Thunfischfilet
2 EL Sesamkörner
Sonnenblumenöl
Sojasauce (zum Dippen)

ZUBEREITUNG
Die Salatgurke mit dem Kartoffelschäler in 20 lange Streifen schneiden. Um gleichmäßig große Stücke zu bekommen, am besten die Gurke dabei drehen. Den Thunfisch in 2 x 2 cm große Würfel schneiden.

ZU GUTER LETZT
Die Thunfischwürfel in etwas heißem Sonnenblumenöl ganz kurz anbraten und in den Sesamkörnern wälzen. Anschließend diese und die Gurkenstreifen in S-Form aufspießen und mit der Sojasauce servieren.

TIPP
Die Gurkenstreifen kann man bereits am Vortag schneiden und über Nacht kalt stellen.

■ Asiatisch / Fingerfood

Würzige Hühnerlaibchen mit Ingwer

Ergibt 20 Stück

Zutaten
2 Hühnerbrüste
2 EL Fischsauce
1 EL frisch geriebener Ingwer
3 Frühlingszwiebeln
1 Knoblauchzehe
½ TL Salz
Tabasco (nach Belieben)
4 EL Mayonnaise
Zitronensaft (nach Belieben)
1 Frühlingszwiebel (zum Garnieren)

Für die Mayonnaise
1 Ei
1 EL Estragon-Senf
1 EL Essig
Salz und Pfeffer
1 Spritzer Worcestersauce
ca. 150 ml Sonnenblumenöl

Zubereitung

Das Hühnerfleisch grob schneiden und mit der Fischsauce, dem Ingwer, den grob gehackten Frühlingszwiebeln, dem Knoblauch, Salz und Tabasco vermischen und mit einem Pürierstab pürieren. Mit nassen Händen kleine Laibchen formen und diese in heißem Öl braten.

Für die *Mayonnaise* alle Zutaten bis auf das Öl in ein hohes Gefäß geben und mit einem Pürierstab kurz durchmischen. Danach so lange langsam das Öl hinzufügen, bis eine dicke Mayonnaise entsteht. Mit Salz und Pfeffer abschmecken.

Zu guter Letzt

Die Mayonnaise mit dem Zitronensaft würzen und jedes Laibchen mit einem Mayonnaisehäubchen und dünnen Frühlingszwiebelringen garnieren.

ASIATISCH / SCHÜSSELCHEN

Auberginencurry mit Kirschtomaten

Für 8 Personen

ZUTATEN
6 EL Sonnenblumenöl
4 Auberginen
2 kleine Zwiebeln
600 ml Kokosmilch
500 g Kirschtomaten
6 EL frischer Koriander
Salz und Pfeffer
3 EL rote Currypaste

FÜR DIE ROTE CURRYPASTE
2 EL frisch geriebener Ingwer
1 Stange Zitronengras
Schale von 1 Limette
2 rote mittelgroße Zwiebeln
5 Knoblauchzehen
2 rote Chilis (ohne Kerne)
1 Handvoll frischer Koriander

ZUBEREITUNG
Für die *CURRYPASTE* alle Zutaten vermischen und mit einem Pürierstab zu einer dicken Paste pürieren.
Die Auberginen in große Stücke schneiden. Das Öl in einen Wok geben und die Auberginen darin so lange anbraten, bis sie braun und weich sind. Die Zwiebeln fein schneiden und zusammen mit der Currypaste dazugeben. Salzen und weitere 3 Minuten braten. Dabei nicht allzu viel umrühren, da die Auberginen sonst matschig werden. Mit der Kokosmilch aufgießen und die halbierten Kirschtomaten dazugeben. Mit Salz und Pfeffer abschmecken.

ZU GUTER LETZT
Mit Koriander bestreuen und servieren.

TIPP

Die Currypaste hält sich im Kühlschrank ein paar Tage lang. Schmeckt am besten mit Naan-Brot oder Basmatireis.

■ Asiatisch / Schüsselchen

Gebratene Entenbrust mit Kohl und Sesamdressing

Für 8 Personen

Zutaten
8 kleine Entenbrüste
2 EL Sonnenblumenöl
Salz und Pfeffer
2 kleine Spitzkohle

Für das Dressing
1 rote Chilischote
1 TL frisch geriebener Ingwer
2 Frühlingszwiebeln
6 EL helle Sojasauce
1 EL Zucker
2 EL Sesamöl

Zubereitung
Für das *Dressing* die Chilischote entkernen und klein schneiden. Die Frühlingszwiebeln in dünne Röllchen schneiden und mit dem Ingwer, der Sojasauce, dem Zucker, dem Chili und dem Sesamöl vermischen. 6 Stunden ziehen lassen.
Den Kohl in feine Streifen schneiden und in ein wenig Öl so lange anbraten, bis er knusprig ist und ein wenig salzen. Danach warm stellen. Die Haut der Entenbrüste diagonal einschneiden und würzen. Die Entenbrüste in der Pfanne auf der Hautseite 12 Minuten braten, dann wenden und weitere 3 Minuten braten. Anschließend in ein Stück Alufolie einwickeln und 5 Minuten rasten lassen.

Zu guter Letzt
Die Entenbrüste in dünne Scheiben schneiden und auf dem Kohl mit dem Dressing servieren.

■ Asiatisch / Schüsselchen

Fischcurry mit Kürbis und Pak Choi

Für 8 Personen

Zutaten
1,5 kg Kürbis
800 g Lachs oder Polardorsch
500 g gefrorene Garnelen
2 Pak Choi (oder 1 Mangold)
1 Bund Frühlingszwiebeln
1 Dose Kokosmilch

2 EL rote Currypaste
300 ml Fischsuppe
(aus Pulver oder auch Gemüsesuppe)
3 EL Fischsauce
2 Stangen Zitronengras
Saft von 1 Limette
frischer Koriander

Für die rote Currypaste
2 EL frisch geriebener Ingwer
1 Stange Zitronengras
Schale von 1 Limette
2 rote mittelgroße Zwiebeln
5 Knoblauchzehen
2 rote Chilis (ohne Kerne)
1 Handvoll frischer Koriander

Für die Marinade
2 EL Ingwer
4 EL Sojasauce
2 EL Sesamöl

Zubereitung
Für die *Currypaste* alle Zutaten vermischen und mit einem Pürierstab zu einer dicken Paste pürieren.
Den Fisch in circa 2 cm große Würfel schneiden, mit den Garnelen in die Marinade geben und ziehen lassen. Die Currypaste in die Kokosmilch einrühren und mit der Fischsuppe sowie der Fischsauce aufgießen. Den Kürbis schälen, in Stücke schneiden und dazugeben. Diese Mischung circa 15 Minuten köcheln lassen, bis der Kürbis weich ist. Die Fischwürfel sowie die Garnelen dazugeben und noch weitere 4 Minuten ziehen lassen.

Zu guter Letzt
Mit dem Limettensaft würzen, abschmecken und mit frischem Koriander bestreut servieren.

Tipp
Schmeckt am besten mit Basmatireis.

Asiatisch / Schüsselchen

Curry mit Gemüse und Kokosmilch

Für 8 Personen

Zutaten
6 mittelgroße Zucchini
3 Knoblauchzehen
2 EL Öl
200 g frische Babymaiskolben
2 rote Paprika
1 Dose Kichererbsen

800 g Butternusskürbis
2 EL grüne Currypaste
2 EL Fischsauce
Saft von 1 Limone
2 Dosen Kokosmilch
frischer Koriander

Für die grüne Currypaste
6 Frühlingszwiebeln
2 grüne Chilis (ohne Kerne)
2 Knoblauchzehen
1 EL frisch geriebener Ingwer
Salz und Pfeffer

2 Stangen Zitronengras
1 Handvoll Basilikum
2 Handvoll Koriander
3 EL Sonnenblumenöl

Zubereitung
Für die CURRYPASTE alle Zutaten vermischen und mit einem Pürierstab zu einer dicken Paste pürieren.
Die Knoblauchzehen klein schneiden und im Öl anbraten.
Die Zucchini in mundgerechte Stücke und die entkernten Paprika in Streifen schneiden. Den Kürbis halbieren, entkernen und in Würfel schneiden. Die Babymaiskolben der Länge nach halbieren.
Das Gemüse sowie die Kichererbsen zum Knoblauch geben und kurz anbraten. Die Currypaste dazugeben und mit der Kokosmilch aufgießen. Die Fischsauce beimengen, abschmecken und 5 Minuten köcheln lassen.

Zu guter Letzt
Mit dem Saft der Limone beträufeln und mit frischem Koriander servieren.

Tipp
Schmeckt am besten mit Basmatireis.

ASIATISCH / SCHÜSSELCHEN

HÜHNERCURRY MIT KOKOSMILCH

Für 8 Personen

ZUTATEN
6 Hühnerbrüste
1 Dose Kokosmilch
frischer Koriander
2 EL grüne Currypaste
1 roter Paprika
1 rote Zwiebel
2 Pak Choi (oder 1 Mangold)
2 EL Fischsauce

FÜR DIE MARINADE
2 EL geriebener Ingwer
2 EL brauner Zucker
2 EL Sesamöl

FÜR DIE GRÜNE CURRYPASTE
6 Frühlingszwiebeln
2 grüne Chilis (ohne Kerne)
2 Knoblauchzehen
1 EL frisch geriebener Ingwer
Salz und Pfeffer
2 Stangen Zitronengras
1 Handvoll Basilikum
2 Handvoll Koriander
3 EL Sonnenblumenöl

ZUBEREITUNG
Für die MARINADE alle Zutaten miteinander vermischen.
Die Hühnerbrüste in Würfel schneiden und in der Marinade mindestens 30 Minuten ziehen lassen. In einer Pfanne oder einem Wok Öl heiß werden lassen und die Hühnerstücke darin anbraten. Aus der Pfanne nehmen und beiseite stellen. Die Zwiebel und den Paprika klein schneiden und im Öl anbraten. Danach zum Hühnerfleisch geben.

Für die CURRYPASTE alle Zutaten vermischen und mit einem Pürierstab zu einer dicken Paste pürieren.
Die Currypaste in der Pfanne anrühren und mit der Kokosmilch aufgießen. Anschließend das Fleisch und das Gemüse dazugeben und circa 10 Minuten kochen lassen.

ZU GUTER LETZT
Erst ganz zum Schluss den gehackten Pak Choi dazugeben. Mit der Fischsauce würzen und dem frischen Koriander bestreuen.

TIPP
Die Currypaste hält sich im Kühlschrank ein paar Tage lang. Schmeckt am besten mit Basmatireis.

Asiatisch / Schüsselchen

Karamellisiertes Ingwerhuhn mit gebratenen Sesamnudeln

Für 8 Personen

Zutaten
1,2 kg Hühneroberkeulen mit Haut (ohne Knochen)
100 g frischer Ingwer
150 ml Sonnenblumenöl
8 EL Fischsauce
Salz und Pfeffer

Für den Karamell
150 g Zucker
4 EL Wasser

Zubereitung
Die Hühneroberkeulen in mundgerechte Stücke schneiden und mit dem fein geschnittenen Ingwer, 100 ml Sonnenblumenöl, Salz und Pfeffer circa 6 Stunden im Kühlschrank marinieren.

Um den *Karamell* zuzubereiten, den Zucker und das Wasser in einen Topf geben und so lange kochen, bis der Zucker goldbraun ist. Dies dauert in etwa 10 Minuten. In einem Wok das restliche Öl erhitzen und die Hühnerfleischstücke darin portionsweise anbraten. Danach das überflüssige Öl entfernen. Die Fischsauce zum Fleisch geben und so lange weiter köcheln lassen, bis die Sauce verdampft ist.

Zu guter Letzt
Den Karamell dazugeben und kräftig umrühren, sodass alle Hühnerstücke damit überzogen sind.

Sesamnudeln

Zutaten
400 g Eiernudeln
1 großes Stück frischer Ingwer
2 Knoblauchzehen
1 TL Chiliflocken
200 g Shiitake-Pilze
6 EL Sonnenblumenöl
200 g Zuckerschoten

Zubereitung
Die Nudeln in reichlich Salzwasser bissfest kochen und abtropfen lassen. Den Ingwer und die Knoblauchzehen klein schneiden. Das Öl in einem Wok erhitzen und darin den Ingwer, den Knoblauch und die Chiliflocken kurz braten. Die Pilze und die Zuckerschoten dazugeben.

Zu guter Letzt
Die Nudeln beifügen, im Wok erwärmen und mit den Hühnerstücken servieren.

Asiatisch / Schüsselchen

Marinierter Lachs
mit Ingwer und Frühlingszwiebeln

Für 8 Personen

Zutaten
1,5 kg Lachsfilet (ohne Haut)
6 EL Sojasauce
6 EL Zucker
2 EL Mirin
2 EL frisch geriebener Ingwer
2 Bund Frühlingszwiebeln

Zubereitung
Den Backofen auf 250°C Grill-Stufe vorheizen.
Das Lachsfilet in mundgerechte Würfel schneiden. Die Sojasauce mit Zucker, Mirin und Ingwer verrühren und darin die Lachsstücke mindestens eine halbe Stunde marinieren.
Die Lachsstücke aus der Marinade nehmen und in eine ofenfeste Form geben. Dabei aufpassen, dass sie nicht zu eng nebeneinander liegen. Im Backofen so lange grillen, bis sich eine braune Kruste gebildet hat. Dies dauert in etwa 10 Minuten.

Zu guter Letzt
Die Marinade über den Fisch gießen und mit den in Ringe geschnittenen Frühlingszwiebeln bestreuen.

Tipp
Dazu schmecken am besten Basmatireis und Sesamspinat.

Asiatisch / Schüsselchen

Ramen mit Schweinefleisch und Honig

Für 8 Personen

Zutaten
1 kg Schweinefilet
6 EL Honig
800 g Ramen (japanische Nudeln)
1,5 l Hühnersuppe
6 Frühlingszwiebeln
200 g Sojasprossen
400 g Pak Choi

Für die Barbecuesauce
100 ml Hoisin-Sauce
100 ml gelbe Bohnensauce
2 TL Zucker
2 geschälte und gepresste Knoblauchzehen
1 EL Sesamöl
3 EL Sojasauce

Zubereitung
Den Backofen auf 200°C vorheizen.

Für die BARBECUESAUCE alle Zutaten miteinander vermischen. Das Schweinefilet auf ein Blech legen und mit der Barbecuesauce einpinseln. Im Ofen circa 30 Minuten braten, dann mit dem Honig bestreichen und nochmals 5 Minuten braten. Anschließend 5 Minuten ruhen lassen und in dünne Scheiben schneiden.
In der Zwischenzeit die Nudeln in reichlich Salzwasser bissfest kochen, abtropfen lassen und in eine Schüssel geben.

Zu guter Letzt
Die Suppe aufkochen und die in Ringe geschnittenen Frühlingszwiebeln sowie den Pak Choi 30 Sekunden mitkochen.
Die Sojasprossen zu den Nudeln geben und mit der Suppe übergießen. Das Schweinefleisch darauf legen und servieren.

ASIATISCH / SCHÜSSELCHEN

RINDERCURRY MIT PAPRIKA UND KOKOSMILCH

Für 8 Personen

ZUTATEN

1 kg Rinderfilet
3 EL Öl
2 rote Zwiebeln
2 Knoblauchzehen
3 EL rote Currypaste
2 rote Paprika
2 EL Fischsauce
1 Dose Kokosmilch
200 ml Hühnersuppe
frischer Koriander

FÜR DIE ROTE CURRYPASTE

2 EL frisch geriebener Ingwer
1 Stange Zitronengras
Schale von 1 Limette
2 rote mittelgroße Zwiebeln
5 Knoblauchzehen
2 rote Chilis (ohne Kerne)
1 Handvoll frischer Koriander

ZUBEREITUNG

Für die *CURRYPASTE* alle Zutaten vermischen und mit einem Pürierstab zu einer dicken Paste pürieren.
Das Rindfleisch in dünne Streifen schneiden und im Öl anbraten. Herausnehmen und zur Seite stellen. Die Paprika in Streifen, die Zwiebeln und die Knoblauchzehen klein schneiden.
Das Gemüse ebenfalls im Öl anbraten. Die Currypaste dazugeben und mit der Kokosmilch und der Suppe aufgießen. Das Fleisch wieder dazugeben und 2 Minuten köcheln lassen.

ZU GUTER LETZT

Mit der Fischsauce abschmecken, salzen und mit frischem Koriander bestreut serviert servieren.

TIPP   Schmeckt am besten mit Basmatireis.

ASIATISCH / SCHÜSSELCHEN

Schweinefilet mit chinesischer Gewürzmischung und gebratenem Reis

Für 8 Personen

Zutaten
4 EL Öl
2 TL chinesisches Fünf-Gewürze-Pulver
2 EL frisch geriebener Ingwer
1 TL Chiliflocken
1 kg Schweinefilet
4 EL Sonnenblumenöl
300 g Basmatireis
6 Frühlingszwiebeln
300 g Zuckerschoten
4 EL Sojasauce
Hoisin-Sauce

Zubereitung
Den Basmatireis mit der doppelten Menge Wasser sowie einer Prise Salz kochen und auskühlen lassen.
Das Schweinefilet in dünne Scheiben schneiden. In einem Wok das Öl erhitzen. Das chinesische Fünf-Gewürze-Pulver, den Ingwer, die Chiliflocken und die Fleischstücke dazugeben. Das Fleisch allerdings nur so lange anbraten, bis es braun ist. Herausnehmen und warm stellen.
Im Wok das Sonnenblumenöl erhitzen und darin den Reis so lange braten, bis er heiß ist. Die Frühlingszwiebeln mitsamt dem grünen Teil in etwa 2 cm große Stücke schneiden und zusammen mit den Zuckerschoten dazugeben.

Zu guter Letzt
Den Reis in Schüsselchen verteilen, das Fleisch darauf legen und mit etwas Hoisin-Sauce servieren.

Tipp
Das chinesische Fünf-Gewürze-Pulver besteht aus Anis, Fenchel, Koriander, Zimt und Kreuzkümmel.

Asiatisch / Schüsselchen

Würzige Kokossuppe mit Garnelen

Für 8 Personen

Zutaten
1 EL Sonnenblumenöl
4 Knoblauchzehen
6 cm frischer Ingwer
3 EL rote Currypaste
1,5 l Hühnersuppe
800 ml Kokosmilch
Schale von 1 Limette
350 g Babymaiskolben
250 g Zuckerschoten
400 g Garnelen
2 EL Fischsauce
250 g feine Reisnudeln
300 g Sojasprossen
frischer Koriander

Für die rote Currypaste
2 EL frisch geriebener Ingwer
1 Stange Zitronengras
Schale von 1 Limette
2 rote mittelgroße Zwiebeln
5 Knoblauchzehen
2 rote Chilis (ohne Kerne)
1 Handvoll frischer Koriander

Zubereitung
Für die *Currypaste* alle Zutaten vermischen und mit einem Pürierstab zu einer dicken Paste pürieren.
Das Öl in einem Wok erhitzen und die klein geschnittenen Knoblauchzehen darin anbraten. Den Ingwer reiben und zusammen mit der Currypaste dazugeben. Mit der Hühnersuppe ablöschen. Aufkochen lassen und bei kleiner Hitze 10 Minuten köcheln lassen. Die Kokosmilch und die Limettenschale dazugeben und weitere 10 Minuten leicht kochen. Anschließend zuerst die der Länge nach halbierten Babymaiskolben und die Zuckerschoten beimengen, dann die Garnelen und die Fischsauce dazugeben und eine weitere Minute ziehen lassen. Mit Salz und Pfeffer abschmecken.

Zu guter Letzt
Die Reisnudeln nach Packungsanleitung zubereiten und in die Suppe geben. In Suppenschüsseln anrichten, mit den Sojasprossen sowie dem frischen Koriander garnieren und servieren.

Asiatisch / Gläser

Exotischer Fruchtsalat mit Zitronengrassirup

Für 8 Personen

Zutaten
3 Stangen Zitronengras
180 g Zucker
1 Ananas
3 reife Mangos
4 Kiwis
4 Passionsfrüchte
Saft von 2 Limetten

Zubereitung
Vom Zitronengras die äußerste Schicht der Blätter entfernen und die Stangen mit einem Nudelholz öffnen. Den Zucker in einen Topf geben und mit 200 ml Wasser auffüllen. Das Zitronengras dazugeben und langsam aufkochen lassen. Vom Herd nehmen und zugedeckt 20 Minuten ziehen lassen.
Die Ananas schälen, längs achteln, den Strunk entfernen und die Achtel in mundgerechte Stücke schneiden. Die Mangos schälen, klein schneiden und diese zusammen mit den Ananasstücken in eine flache Schüssel geben. Die Kiwis schälen und achteln, die Passionsfrüchte auskratzen und zu den anderen Früchten geben.

Zu guter Letzt
Den ausgekühlten Sirup mit dem Limettensaft vermischen und über die Früchte gießen. Mindestens 1–2 Stunden ziehen lassen.

ASIATISCH / GLÄSER

Kokosmousse mit Mangopüree

Für 8 Personen

Zutaten
100 g Kokosraspel
2 Limetten
400 ml ungesüßte Kokosmilch
500 ml Sahne
4 EL brauner Zucker
5 Blatt Gelatine
5 EL Kokoslikör
2 Eiweiß
2 Mangos
Zucker (nach Belieben)

Zubereitung
Den Backofen auf 180°C vorheizen.
Die Kokosraspel in einer trockenen Pfanne im Backofen 5 Minuten hellbraun rösten. Die Limettenschalen fein abreiben und den Saft auspressen.
60 g Kokosraspel mit der Kokosmilch, 200 ml Sahne, den Limettenschalen sowie 2 EL braunem Zucker aufkochen und 30 Minuten ziehen lassen. Anschließend durch ein sehr feines Sieb gießen. Dies sollte in etwa 350 ml Flüssigkeit ergeben.
Die Gelatineblätter in kaltem Wasser einweichen. 3 EL Limettensaft mit dem Kokoslikör erwärmen und die Gelatine darin auflösen. Mit der Kokossahne verrühren und so lange kalt stellen, bis die Flüssigkeit zu gelieren beginnt. Danach glatt rühren.
Die restliche Sahne und die Eiweiße mit 2 EL braunem Zucker in separaten Schüsseln steif schlagen. Den Eischnee unter die Sahne ziehen und mit der Crème vermischen. In Gläser füllen und kalt stellen.

Zu guter Letzt
Die Mangos pürieren, eventuell nachzuckern und mit der Kokosmousse servieren.

■ Asiatisch / Gläser

Mango Fool

Für 8 Personen

Zutaten
6 reife Mangos
600 g griechisches Joghurt
Saft und Schale von 1 Limone
1 EL Grand Marnier oder Cointreau
Zucker (nach Belieben)

Zubereitung
Die Mangos schälen und in grobe Stücke schneiden. Ein paar davon für die Garnitur beiseitelegen, den Rest in einer Küchenmaschine mit Schneideaufsatz oder mit einem Pürierstab pürieren.
Anschließend das Mangopüree vorsichtig mit dem Joghurt verrühren, dann den Limonensaft und Grand Marnier dazugeben.
Eventuell etwas mit Zucker süßen.
In Gläser füllen und kalt stellen.

Zu guter Letzt
Mit den restlichen Mangoscheiben und der Limonenschale garnieren.

ASIATISCH / GLÄSER

Pochierte Birne mit Zitronengras

Für 8 Personen

Zutaten
8 kleine reife Birnen
750 ml Roséwein
225 g Zucker
4 Pflaumen
2 Stangen Zitronengras
4 Kaffir-Limonenblätter
250 g Mascarpone
100 ml Sahne
1 Pkg. Vanillezucker

Zubereitung
Die Birnen schälen und die Kerngehäuse von unten herausnehmen. In einem großen Topf Wein und Zucker so lange langsam erhitzen, bis sich der Zucker aufgelöst hat. Die halbierten und entkernten Pflaumen dazugeben, 20 Minuten mitkochen und anschließend wieder herausnehmen.
Das Zitronengras an den Enden einschneiden und mit den Limonenblättern in den Sirup geben. Die geschälten Birnen für 30 Minuten zugedeckt auf kleiner Flamme mitkochen und im Sirup auskühlen lassen. Sollte mehr Flüssigkeit notwendig sein, mit etwas Wasser auffüllen.

Zu guter Letzt
Den Mascarpone mit der Sahne sowie dem Vanillezucker verrühren und diese Crème mit den Birnen servieren.

Danke

- an meine Verleger Stanzi und Bernhard, die an mich und mein Projekt geglaubt und mich so lange bearbeitet hatten, bis ich den Mut gefunden hatte, es in die Realität umzusetzen.

- meiner Mutter, die schon in frühen Jahren in mir die Liebe zum Kochen geweckt hat und ohne die ich viele Dinge gar nicht „erschmecken" würde.

- an Michael, meinen Fotografen, der mir in den zwei Wochen, die ich mit ihm verbringen durfte, unheimlich viel beigebracht hat und der in dieser Zeit zu einem Freund geworden ist.

- an Anita, meine Lektorin, die in mühsamer Kleinarbeit meine Rezepte mental nachgekocht hat und dabei feststellen musste, dass ich hin und wieder wichtige Details übersehen hatte. Zusätzlich musste sie ausschwärmen und Nachforschungen für diverse Lebensmittel anstellen, da ich aus London gewisse Dinge nicht mehr wusste.

- an Eric Treuille, dessen Buch „Canapees" mich so inspiriert hat, dass ich jetzt, kaum koste ich eine neue Speise, sofort darüber nachdenke, wie man diese Speise in der Größe eines Bissens präsentieren könnte. Aus seinem Buch kommen viele Tipps, die unglaublich wertvoll für die Zubereitung dieser kleinen Leckerbissen sind.

- an die vielen Freunde, die mich zu einigen meiner Rezepte inspiriert haben: Verena-Sardellenbutter, Bärbel-Orangencrème, Burgi-Nockerl, Elisabeth-Schweinsbraten, Vero-Gurkensuppe, Christi-Semmelknödel, Wiebke-Garnelen Laska und viele mehr.

- an meine Lieferanten für Lebensmittel von einzigartiger Qualität: Ham Fruiterer, der mir Gemüse und Obst liefert, und Bevans and Sons, deren Fleisch unübertrefflich ist.

- an all die lieben Freunde, die mich in der Zeit der Fotoaufnahmen mit ihren schönen Schüsselchen und Stoffen unterstützt haben: Barbara, Benedicta, Nadia und vor allem Stan mit seinen wunderschönen Bowls.

- Zu guter Letzt danke ich meiner Familie: meinen Kindern Paul und Theres, die eifrigsten Testesser und strengsten Kritiker; meinem Mann Adam, ohne den ich dieses Buch nicht zustande gebracht hätte, der mich nicht nur unterstützt und bestätigt hat, sondern mir auch beim Schreiben und bei der Titelfindung zur Seite gestanden ist.

Vielen Dank für Eure Geduld!

Register

Dessert

Amarettomousse	112
Bratapfelmousse	54
Cappuccinocrème	114
Crème Caramel	166
Exotischer Fruchtsalat mit Zitronengrassirup	224
Frischer Fruchtsalat mit Minze	116
Himbeermousse	118
Kaiserschmarren	56
Karamellisierter Orangensalat	168
Karamellmousse	120
Kokosmousse mit Mangopüree	226
Kürbismousse	58
Lebkuchenmousse mit Zimt	60
Lemon Curd-Mousse mit Joghurt	170
Mango Fool	228
Marokkanischer Milchreis mit Rosenwasser und Pistazien	172
Mojito Crème mit knusprigem Keksboden	174
Orangencrème mit Cointreau	176
Pochierte Birne mit Zitronengras	230
Sachermousse mit Marillensauce	62
Süßes Safranjoghurt mit Pistazien	178
Topfencrème mit Himbeeren	64
Topfenknödel mit Erdbeeren	66
Weiße Schokoladenmousse mit Himbeeren	180

Ente

Gebratene Entenbrust mit Kohl und Sesamdressing	204
Teigschüsselchen mit Pekingente und Hoisin-Sauce	184

Fisch und Meeresfrüchte

Fischcurry mit Kürbis und Pak Choi	206
Garnelenragout mit Safran und Kartoffeln	142
Gurkenschüsselchen mit Forellenmousse und Dill	22
Jakobsmuscheln im Speckmantel mit Zitronendip	128
Knusprige Teigschüsselchen mit Wachtelei und Sardellenbutter	24
Knusprige Tütchen mit Chorizo, Kalmar und Aioli	132
Knusprige Tütchen mit Thunfischtartar und Sesamöl	190
Lachstartar asiatisch	192
Lachswürfel mit Shiitake-Butter	194
Marinierter Lachs mit Ingwer und Frühlingszwiebeln	214
„Risotto" mit gerösteten Paprika und Garnelen	110
Seafood Stew	162
Süßsaures Krabbenfleisch auf Gurkenscheiben	196
Thunfischwürfel mit Sesamkruste und Gurke	198

Hühnerfleisch

Huhn „Cacciatore" mit Tomaten und Oliven	96
Huhn in cremiger Sauce mit Essig und Gemüse	144
Huhn in cremiger Thymian-Wermut-Sauce	98
Huhn mit Bohnen, Speck und Weißwein	100
Huhn mit Champignons in cremiger Muskatweinsauce	148
Huhn mit Chorizo und Brandy	146
Hühnercurry mit Kokosmilch	210
Hühnerspieße mit Parmaschinken, Salbei und Paprikadip	74
Karamellisiertes Ingwerhuhn mit gebratenen Sesamnudeln	212
Marinierte Hühnerspieße mit Erdnussdip	186
Panierte Hühnerbrust mit Kartoffelsalat	40
Paprikahuhn	42
Persischer Reis	154
Truthahn Tonnato	86
Tütchen mit Hühnerlebermousse und Preiselbeerkompott	32
Würzige Hühnerlaibchen mit Ingwer	200

Lammfleisch

Lammschulter mit Paprika und Oliven	150
Lammtajine mit Aprikosen und Pinienkernen	152

Pasta und Gnocchi

Gnocchi mit Tomaten, Speck und Rotwein	94
Marinierte Tortellinispieße mit sonnengetrockneten Tomaten	78
Nockerl (Gnocchi) mit Gorgonzolasauce und knusprigem Speck	92
Orecchiette mit Pancetta, Minze und Babyerbsen	102
Penne mit gerösteter Tomaten-Paprikasauce	108
Penne mit Pesto, Pinienkernen und Brokkoli	88
Schinkenfleckerl	44

Rind- und Kalbfleisch

Gebratenes Rinderfilet mit Salsa Verde auf Toast	70
Osso Bucco	104
Rindercurry mit Paprika und Kokosmilch	218
Rindfleischtajine mit Pflaumen und Mandeln	156

Schweinefleisch

Kartoffelgulasch	38
Mini-Quiche Lorraine	134
Mini-Wienerschnitzel mit Sauce Tartare	30
Ramen mit Schweinefleisch und Honig	216
Schweinefilet mit chinesischer Gewürzmischung und gebratenem Reis	220
Schweinefilet mit Pflaumen	158
Schweinefilet mit Rosmarin und karamellisierten Äpfeln	160
Schweinefilet mit Zimtsauce und Vanillereis	48
Schweinsbraten mit Sauerkraut	50
Szegediner Gulasch	52

Suppe

Französische Garnelensuppe	124
Frittatensuppe in der Suppenschüssel	20
Geröstete Paprikasuppe auf Basilikumöl	72
Hühnersuppe mit Zitronengras	188
Kalte Gurkensuppe mit Dill und Buttermilch	130
Kürbissuppe mit Kernöl in der Espressotasse	26
Maronisuppe mit Fenchel	80
Rucolasuppe	84
Würzige Kokossuppe mit Garnelen	222

Vegetarisch

Auberginencurry mit Kirschtomaten	202
Curry mit Gemüse und Kokosmilch	208
Eierschwammerlsauce mit Semmelknödel (Brotklößen)	34
Gazpacho im Sherryglas	126
Gebackener Ricotta mit Brokkoli und gerösteten Kirschtomaten	90
Käsespinatknödel mit Tomatensauce	36
Kirschtomaten gefüllt mit Mozzarella und Pesto	76
Mini-Kürbisquiche mit Salbei	28
Parmesandunstkoch mit Tomatensauce	106
Parmesankekse mit Pesto und Tomaten	82
Schwammerlstrudel mit Schnittlauchsauce	46
Spinatstrudel mit Feta und Tomatensauce	164
Strudelteigpäckchen mit Kartoffel-Minze-Füllung	136
Tomaten-Mascarpone-Törtchen	138
Überbackene Zucchinischeiben mit Feta	140